AF343965

RELIGIONS

ET

MYTHOLOGIES COMPARÉES.

OUVRAGES DE M. ANDRÉ LEFÈVRE.

Les Finances de Champagne aux XIIIe et XIVe Siècles.

La Flute de Pan, 2e édition. — Hetzel.

La Lyre intime. — Hetzel.

Virgile et Kalidasa (les Bucoliques de Virgile). — Hetzel.

L'Épopée terrestre. — Marpon.

La Vallée du Nil, en collaboration avec M. Henri Cammas. — Hachette.

Les Merveilles de l'Architecture, 4e édition. — Hachette.

Les Parcs et les Jardins, 2e édition. — Hachette.

La Pensée nouvelle (2 volumes grand in-8°), en collaboration avec MM. Louis Asseline, A. Coudereau, Ch. Letourneau, P. Lacombe, Yves Guyot, etc.

Napoléon Ier (in-32), Bureau de l'Éclipse.

Les Finances particulières de Napoléon III, d'après les documents recueillis aux Tuileries pendant le siége de Paris. — Rouquette.

Les Lettres persanes, texte revu d'après les éditions originales, avec *Préface, Notes, Variantes, Index*, 2 volumes in-16 (collection Jannet-Picard). — Lemerre.

Les Contes de Perrault, texte de 1697, avec *Introduction, Essai sur la Mythologie dans les Contes, Notes, Variantes*, etc., 1 volume in-16 (même collection). — Lemerre.

De la Nature des Choses, traduction en vers français du *De rerum Natura* de Lucrèce, avec *Introduction* et sommaires, 1 volume grand in-8°. — Sandoz et Fischbacher.

ESSAIS DE CRITIQUE GÉNÉRALE.

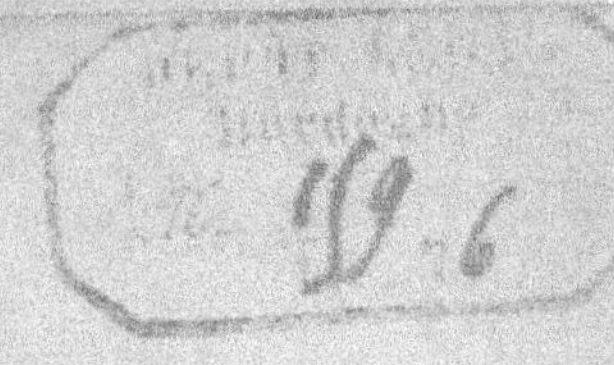

RELIGIONS

ET

MYTHOLOGIES COMPARÉES

PAR

ANDRÉ LEFÈVRE.

PARIS
ERNEST LEROUX, ÉDITEUR
Libraire de la Société Asiatique, de l'École des Langues Orientales vivantes, etc.
28, RUE BONAPARTE, 28.
1877.

AVANT-PROPOS.

Quand l'homme a parcouru le cycle entier des sciences qui ont pour objet les diverses combinaisons du nombre et du mouvement, il se retrouve en face de lui-même, en face de son développement individuel et social.

Certes, l'homme fait partie intégrante de la série qui part de l'atome et aboutit à l'organisme vivant; il est un membre de l'animalité, et comme tel il appartient non-seulement à la zoologie par la structure de son corps et le mécanisme de ses organes, mais encore aux diverses provinces de la science, à la géologie par son origine terrestre, à la physique et à la chimie par les caractères et les éléments qui lui sont communs avec les autres êtres. Il n'échappe à aucune loi générale. Il n'enferme en son contour rien qui ne soit dans la substance des choses, puisqu'il en naît, puisqu'il en vit, puisqu'il y rentre en mourant. Fil de la trame indéfinie, poussière de l'univers, il ne peut se concevoir lui-même qu'après avoir embrassé tous les antécédents dont il procède.

Oui, ses facultés les plus exquises, les puissances les plus prodigieuses de son cerveau, plongent par la racine dans les propriétés les plus élémentaires et les plus fatales de la matière. Les arguments émoussés de la métaphysique n'ont pas tranché les liens qui l'attachent à la réalité concrète. En droit comme en fait, rien ne le sépare de ce qui le produit, l'alimente et le tue; mais s'il ne s'isole pas de son milieu, il s'en distingue, et par l'usage qu'il en tire et par la place qu'il y tient; à ce point qu'il peut faire deux parts dans l'univers : le reste et lui. Ce grain de sable animé par la chaleur, ce vibrion suspendu à un rayon de soleil, fait équilibre à la masse des choses, à la multitude des êtres.

Et d'abord, ces êtres et ces choses, cet astre qui l'évoque à la vie, cette terre qui le porte, c'est lui qui en a constaté l'existence. Ces affinités constantes, ces caractères communs qui relient les phénomènes et les groupent en séries, c'est lui qui les a dégagés, abstraits et formulés en lois. Instrument et mesure de toute connaissance objective, c'est à lui qu'il rapporte toute science; c'est pour lui qu'il l'acquiert. Unité consciente, il se fait nécessairement le centre du monde, et, nécessairement aussi, il inaugure un nouveau cycle, comme un appendice spécial au livre de l'univers, appendice qui toujours se prolonge vers un horizon qui toujours recule.

Où finit la nature des choses commence l'évolution propre de l'homme, son *devenir*.

La science de l'homme diffère notablement des sciences de la nature. Elle ne peut jamais être finie; elle n'admet pas de lois fixes et immuables au même titre que celles de la physique et de la chimie, non que ces lois n'existent, mais les faits dont elles auraient à exprimer les rapports ne peuvent être considérés dans leur totalité. Les conclusions que l'on tire des faits humains ne sont jamais que des conjectures plus ou moins probables. Elles ne deviendraient des certitudes que si l'évolution humaine était accomplie, ou bien encore si l'observateur planait, comme Micromégas, en dehors et au-dessus de l'humanité.

Et ici qu'on nous permette de prémunir le lecteur contre une illusion séduisante à laquelle semblent se laisser aller beaucoup de savants et de philosophes. Ces libres esprits, à peine échappés aux lisières théologiques, remplacent volontiers les caprices du plan providentiel par l'impassible gouvernement des lois. «Les lois, disent-ils dominent et dirigent les séries de faits.» C'est une manière de parler commode et synthétique. Mais, il n'est pas inutile de le dire, les lois ne dominent et ne dirigent rien; les lois n'ont pas plus d'existence propre que les forces ou que les entités métaphysiques, telles que le droit ou le devoir, la justice ou la vérité.

Ce qui existe, ce sont les éléments groupés en formes diverses, c'est la complexité des choses. Les lois sont des formules, des étiquettes, sous lesquelles l'induction range et fait entrer certaines faces, certains aspects constants de la réalité, que l'abstraction a su dégager des phénomènes extérieurs. L'intelligence, ne pouvant s'emparer du monde en bloc, le divise en tranches d'où elle exprime, par une minutieuse analyse, des catégories de caractères communs. Ces catégories ne commandent donc pas aux choses, elles en dérivent ; elles ne déterminent donc pas les faits, elles en résultent ; elles en sont extraites par l'homme et pour l'homme, et selon les facultés propres à l'homme. Aussi, que voit-on ? Partout et toujours, les faits et les choses dominent les lois, les font et les défont, les étendent ou les restreignent, les confirment ou les modifient.

Certaines lois fondamentales de la matière en mouvement peuvent être considérées comme définitives, parce que l'homme est dès à présent en possession de la plupart des notions accessibles à ses organes. Il en est de même pour les lois générales de la vie sur la terre, parce que l'observation s'est exercée sur le plus grand nombre des séries vivantes. C'est ainsi qu'on peut affirmer sans crainte que, dans telle ou telle durée moyenne, tout corps vivant mourra. C'est ainsi que l'on fixe d'avance le jour et l'heure d'une éclipse ou d'une conjonction sidérale. Encore si les prédictions astronomiques sont exactes, c'est que leurs calculs se fondent sur des éléments dont le rapport, jusqu'à présent du moins, est immuable.

Il n'en va pas de même de l'avenir humain. La complexité des faits, dont l'avenir est la résultante, défie les génies les plus encyclopédiques, parce que ces génies sont divers et parce qu'ils sont mortels. Les lois de la sociologie sont indéfiniment modifiables ; elles ne peuvent avoir de justesse approximative que pour le passé, j'entends pour ce qu'on sait du passé et non pour ce qu'on en croit savoir. Mais surtout elles doivent éviter d'entamer la part de l'inconnu, de rejeter les éléments qu'elles ne peuvent posséder parce qu'ils ne sont pas encore. L'étude de l'homme et de l'humanité doit se garder de tout *système* préconçu ; elle n'admet qu'une *méthode*, celle de l'observation patiente, à laquelle elle demeure toujours ouverte.

C'est pourquoi il importe de tenir la sociologie au courant, de fournir à nos générations, qui savent peu et veulent encore moins, les renseignements de toute sorte dont le trésor sans cesse accru constitue la trame perpétuelle d'une science toujours en marche.

Et d'abord, cette terre où nous sommes attachés, ce champ de notre activité, si petit dans l'univers, si grand pour nous, ne devons-nous pas le posséder en esprit avant de le gouverner et de l'exploiter en fait ? Il ne suffit pas de savoir que notre globe tourne autour du soleil ou qu'il est aplati aux pôles ; ce n'est pas assez de raisonner sur les soulèvements ou les dépôts lents des couches géologiques ; il faut connaître la configuration des mers, des îles, des continents, le cours des fleuves, la direction des montagnes, qui délimitent ou fécondent les régions ; les climats, les flores et les faunes, les ressources des divers pays et les facultés des races qui les habitent.

La géographie n'est pas achevée ; celle d'hier est surannée déjà. Chaque année, de hardis explorateurs découvrent et dépeignent des pays ignorés ou mal connus. S'il n'y a plus d'Amérique ou d'Australie à trouver, si les cartes peuvent présenter aux yeux le contour à peu près définitif des terres habitées, combien de voyageurs encore risqueront leur vie avant que l'Afrique ou les grandes îles de la Sonde nous aient livré leurs secrets. Dans l'Ancien-Monde lui-même, d'immenses étendues nous échappent : la Chine presque entière, toute l'Asie centrale, l'Afrique entre le Nil, le Zambèse et le Niger. De la Nouvelle-Hollande, de l'Amérique du Sud, on connaît à peine les côtes. Les pôles nous sont encore fermés. Et ce n'est rien que la géographie physique, si l'on n'y ajoute la géographie morale : comment les races sont-elles distribuées sur la terre ; où, sous quelles latitudes peuvent-elles vivre ; sont-elles nées aux lieux qu'elles habitent, et depuis combien de temps y sont-elles venues ? Y a-t-il des rapports certains entre les climats et les intelligences, entre les pays et la longévité ou la fécondité ? Que de questions non résolues, que d'études d'un intérêt capital pour la politique, la philosophie, le commerce, et qui sont les corollaires de la géographie !

De la géographie aussi procède l'histoire. L'une est le théâtre et le *substratum* de l'autre. On se contente trop aisément de formules générales et incomplètes. L'homme, dit-on avec une certaine vraisemblance, a passé par l'état pastoral et agricole ; il en est à l'âge industriel. Il a traversé la famille, le clan, la caste, la cité, la nation, il arrive aujourd'hui à l'idée d'humanité. Tout cela est fort bon, mais apprend peu de chose. En supposant qu'il suffise de jurer *in verba magistri*, ne serait-il pas utile d'acquérir sur tous ces axiomes des notions plus nettes et plus précises ? Mais, si ces vastes synthèses n'étaient point applicables à la plupart des sociétés humaines, si plus des trois quarts de la population terrestre se refusaient à entrer dans un système prématuré et exclusif, n'y aurait-il pas lieu de réviser toutes les annales de l'humanité? Et ces annales, les possédons-nous? La Chine et le Japon sortent à peine de l'ombre. L'Assyrie, l'Égypte y sont encore plongées. Que dire de ces peuples américains, qui s'en vont mourant devant l'invasion des races mieux douées? Des Mongols, de la Sibérie, de la Polynésie? Et l'Afrique? c'est la nuit, dont ses enfants semblent porter l'empreinte. Les deux grandes familles blanches, sémite et indo-européenne, sont seules à peu près connues. Mais que de lacunes! Quelle obscurité plane sur leurs origines, leurs migrations, leurs croisements! Enfin, malgré les découvertes historiques de notre siècle, on ne s'avancera guère en disant que nous n'avons pas même encore une bonne histoire de France.

Ce sera peu de connaître le terrain et la suite des événements qui s'y sont accomplis, si l'on ne se rend compte des engins et des armes qui ont permis à l'homme de conquérir le globe sur les autres espèces vivantes, si l'on n'énumère et si l'on ne suit depuis l'origine les ressources à l'aide desquelles l'huma-

nité a pu vivre, s'accroître et s'enrichir. Quels
ont été les aliments de l'homme ? Quel a été le
rôle du blé, des fruits, de la chair crue ou
cuite, dans le développement et la destinée des
nations? Quels outils, quels métaux ont labouré
la terre, abattu les forêts, tracé des chemins à
travers les montagnes ? Quels vêtements ont
défendu le corps contre le froid, la pluie et la
piqûre des insectes ? Où s'est-on abrité ? Quelles toitures et quelles murailles avons-nous
opposées aux bêtes sauvages ou à l'ennemi ?
Comment les premiers matelots ont-ils affronté
la mer? A quels plaisirs, à quels délassements
les hommes ont-ils occupé les loisirs lentement conquis par leurs efforts et leurs fati-
gues ? Pour répondre à ces questions, que l'on
pourrait multiplier, il est nécessaire de retra-
cer l'histoire de toutes les industries et de
tous les arts, depuis la chasse, la pêche,
l'agriculture, et tous les procédés alimentai-
res, depuis le tissage de la laine, du lin, de la
soie, du coton, jusqu'à la navigation et l'architecture, depuis les arts du dessin jusqu'à
la musique.

La plupart des besoins et des instincts qui
ont conduit l'homme à tant d'inventions fécondes, les sens qu'il a flattés par tant d'ingénieux

artifices existent, sans doute, chez quelques animaux des espèces supérieures, mais à l'état rudimentaire et stérile. Les loups s'associent pour la chasse, mais leurs expédients restent les mêmes. Les écureuils amassent des noisettes pour l'hiver, mais ils ne se sont jamais avisés d'en planter une. Les abeilles, les oiseaux, les castors, les gorilles, se construisent des habitations, mais leur architecture ne varie pas. Les singes imitent, mais ils ne figurent pas plus qu'ils n'expriment ce qu'ils voient. Ils sautent, mais ils ne dansent pas. Le rossignol module un air charmant, mais il n'en a qu'un, celui pour lequel son gosier est monté. Enfin, la plupart des animaux jouissent du feu que l'homme allume, mais pas un, même des plus anciennement domestiqués, n'a fait mine d'en rapprocher les tisons ou d'y pousser une bûche. La vie animale, depuis que nous en sommes sortis, nous apparaît donc comme un cercle fermé, sans progrès, sans changement appréciable. L'homme a rompu la barrière et marche en avant. C'est par là qu'il échappe au cadre de la zoologie et prend possession de ce règne humain, province assurément, mais province indépendante, du grand domaine de la vie.

Maintenant, tout ce travail extérieur par lequel l'humanité manifeste sa puissance et assure son empire, ce ne sont pas seulement ses mains qui l'on accompli. Ce ne sont pas seulement les exigences de son estomac, de sa peau nue, de son oreille délicate ou de ses yeux imitateurs, qui lui en ont suggéré les moyens, l'occasion ou le but. Il faut en chercher le promoteur dans un organe qui, chez l'homme seul, s'est montré capable de perfectionnement, dans l'activité des cellules cérébrales qui, recueillant et fixant les impressions apportées par les sens, ont créé la mémoire, la réflexion, le raisonnement, la pensée et, par suite, l'industrie et l'art. Il appartient à la physiologie de déterminer et de prendre sur le fait les facultés du cerveau ; c'est affaire à l'anthropologie de mesurer le volume et le poids de l'encéphale chez les divers types et d'en constater l'accroissement ou la déperdition. Mais quel vaste champ ces sciences ne laissent-elles pas à l'histoire des idées, des religions, des philosophies et des littératures !

On n'a rien dit lorsque l'on a établi, et comment en serait-il autrement ? que le développement de l'intelligence est partout en rapport avec le milieu physique et moral. Les milieux, en effet, dans le temps et dans l'espace, sont innombrables ; ils varient avec les climats, les époques, les nations, avec les villes, avec les familles, avec l'âge des individus ; ils ne sont pas nettement juxtaposés ; ils s'entrecroisent, s'amalgament, empiètent et débordent l'un sur l'autre. Telle tribu anthropoïde n'en est pas encore au fétichisme et aura disparu avant d'y atteindre. Tel groupe supérieur a vu coexister sous toutes leurs formes la religiosité, la métaphysique et la méthode expérimentale. Quant aux formules générales qui d'un mot expriment le tempérament, la faculté maîtresse d'un peuple et le trait distinctif d'un siècle, elles dégénèrent souvent en lits de Procuste, où toute œuvre et tout esprit doivent tenir, au risque d'en sortir faussés et mutilés. La véritable critique porte en main, non pas le niveau d'un système, mais bien la lumière de l'observation libre et désintéressée.

Au seuil de l'histoire intellectuelle et morale est placée la connaissance des idiomes, sans lesquels l'homme n'aurait ni pensé ni raisonné. On a essayé, et avec raison, de faire rentrer dans la physiologie l'étude des éléments vocaux et de leur métamorphoses. La

linguistique est, en effet, une science naturelle. Mais le développement des langues,
leurs ressources variées, leurs beautés particulières ou leurs vices appartiennent visiblement à la série historique. Toutes ne sont
pas également favorables à l'expression de
tous les sentiments et de toutes les pensées,
et il est évident qu'elles ont leur grande part
dans la constitution des milieux intellectuels.

Les religions, à quelque groupe qu'on les
rattache, ont été des déviations de la curiosité,
des inductions hâtives, des encyclopédies
avortées. Toutes, elles ont prétendu résoudre
le problème des causes avant d'en connaître
l'enchaînement. Toutes, elles ont eu recours,
pour expliquer l'origine des êtres et la succession des événements, à des analogies tirées
de la nature humaine. Elles ont prêté des
intentions, des volontés, à des êtres réels ou
imaginaires, sans jamais réfléchir que la forme
vivante est la condition absolue de la conscience et de la pensée. L'anthropomorphisme
est leur caractère commun. Le monothéisme
ou la religion naturelle ne s'y soustraient pas
plus que le panthéisme, le polythéisme ou le
fétichisme le plus grossier.

Leur rôle a été considérable ; elles ont donné une force irrésistible aux nations qu'elles unissaient dans une même foi ; elles les ont soutenues dans l'adversité et les ont consolées, parce qu'elles établissaient des rapports immédiats entre le malheureux homme et des protecteurs capables de le comprendre et de l'aimer. De là le culte, offrande ou souvenir reconnaissant, et la prière, naïve illusion du désespoir. Mais ces religions, qui ont eu leur heure, sont rapidement devenues des causes d'abaissement national et d'énervement intellectuel ; en défendant à l'homme de compter sur lui-même, elles lui ont plié l'échine et l'ont livré lâche et résigné à tous les despotismes. Ainsi, d'un point de départ erroné, elles sont arrivées aux conséquences les plus désastreuses, à la déviation des esprits et à la démoralisation des sociétés.

Lorsqu'on les présente comme les éducatrices des nations, comme les gardiennes de la morale, on oublie qu'elles ne rendent aux hommes que ce qu'elles en ont reçu. Elles sont nées des milieux sociaux, elles ne les ont pas faits ; les enseignements qu'elles ont répandus y étaient d'avance enfermés. C'est justement lorsqu'elles ne répondent plus à un état social que se font sentir leurs prétentions pédagogiques. Il importe donc au plus haut point de les prendre une à une, de les suivre pied à pied dans leurs imaginations, de marquer l'écart croissant qui les sépare de la réalité, enfin le parallélisme inverse de la décadence religieuse et du progrès scientifique.

L'histoire des philosophies et des littératures nous aidera dans cette tâche. Elle nous montrera les efforts de l'intelligence pour se dégager des lisières théurgiques; l'homme peu à peu reconnaissant dans ses dieux le mirage de ses propres facultés projetées sur l'univers, bases réelles, imparfaites, relatives, de toutes les perfections imaginaires. Chemin faisant, elle comparera les mœurs et les institutions des peuples vivants ou disparus, la conception progressive du juste et de l'injuste; les codes minutieux des castes brahmaniques et égyptiennes; la législation civile des races latines luttant contre les prescriptions des Bibles et des Corans, les anomalies que le passé nous lègue, priviléges, obéissance, sophismes autoritaires, hommes providentiels, pénalités arbitraires ou exorbitantes, lentement éliminées par l'esprit moderne.

Ainsi familiarisés avec la connaissance des divers édifices sociaux qui nous encombrent de leurs ruines, nous aborderons avec espoir la science du bien-être et de la distribution des richesses, faisant la part de l'individu et celle de la société, n'oubliant jamais que l'humanité n'est pas un tyrannique polypier, un grand animal, ou un troupeau gardé par les chiens de la providence. Tout l'effort humain s'est tendu sans relâche contre ces fatalités antiques. Les hordes primitives ont commencé par l'indivision ; les autres animaux y sont restés. L'homme en est sorti, et la société doit être désormais considérée comme une juxtaposition d'intérêts et de personnes complètes en elles-mêmes. Quelle force maintenant, quelle sagesse, se consacrera tout entière à la solution des problèmes posés par l'économie sociale, fera entrer en ligne de compte à la fois les industries dont vivent les nations et les arts ; la littérature, ces fleurs du cerveau qui les rendent immortelles ; établira enfin la liberté, c'est-à-dire le champ ouvert à toutes les facultés de l'homme ; la justice, c'est-à-dire l'égalité dans la liberté ? Quel guide, renonçant aux reculs périodiques, aux compromis énervants, saura conduire l'humanité, dans le sens que l'histoire a marqué, vers le but suprême, qui est la *libération de l'individu*? C'est la science politique.

La politique jusqu'ici a été une prestidigitation, un machiavélisme, un art, en un mot. Elle ne passera science, elle ne formulera des lois qu'après avoir embrassé toute l'évolution historique des humanités, car il y en a plusieurs : l'humanité des fossiles tertiaires et quaternaires, qui ne sont pas tous, hélas ! rentrés dans les musées ; l'humanité papoue, hottentote, nègre, et, dans l'humanité blanche, que de variétés en lutte pour la vie ! A la politique donc d'arracher l'humanité vivante, pensante, à celles qui veulent l'étouffer. A elle de préparer la sélection qui doit s'accomplir !

Depuis longues années, nous parcourons ce vaste champ des sciences historiques. A mesure qu'une découverte, une théorie nouvelle, une hypothèse légitime, font pénétrer la lumière en des régions obscures ou mal connues, nous les commentons, nous les résumons pour en mieux dégager les conclusions, souvent omises, plus souvent encore dissimulées par on ne sait quelle fausse honte. Aujourd'hui, l'occasion nous est gracieuse-

ment fournie de mettre en ordre des travaux
conçus dans un même plan de critique générale; et nous choisissons pour ce premier
volume la série de nos études relative au sentiment religieux, à ce prétendu caractère primordial de l'humanité. Nous y poursuivons le
mythe depuis son origine métaphorique et, à
proprement parler, linguistique, jusqu'à ses
dernières déviations métaphysiques et morales:
car il n'y a pas de mythologie que dans les religions. Les *dieux* et les *entités* se valent : ce
sont toujours des mots fétiches, *numina, no-*
mina. Cette cause de déviations sans nombre
une fois écartée de notre chemin, nous pour-
rons aborder, par l'histoire du langage, l'examen des littératures, des arts, des industries
qui, des bas-fonds de l'animalité, ont élevé
l'homme à la vie civilisée.

On ne trouvera dans ce livre ni le tableau
complet de toutes les croyances et de tous les
cultes, ni l'exposition rigoureuse des procédés
érudits, des recherches minutieuses et spéciales,
qui sont les conditions nécessaires de toute
certitude. Un cadre aussi restreint n'y pourrait suffire ; et quelle vie humaine y suffirait?
Mais, du moins, en appréciant quelques-uns
des résultats de la science et de l'exégèse con-

temporaines, nous avons pensé faire œuvre de
critique et de philosophe. Il nous a paru que
l'unité du sujet et du but établissait un lien
assez fort et assez visible entre toutes ces
pièces et tous ces chapitres épars d'une histoire
des religions. De la première à la dernière de
nos pages court le souffle de la libre-pensée.
Puisse-t-il se communiquer à nos lecteurs et
les pénétrer de cette vérité, que le premier des
biens est un esprit affranchi des fictions et des
chimères ! Si, avant d'entrer d'un pied résolu
dans le monde des réalités terrestres, humaines, sociales, ils veulent visiter le vieux monde
imaginaire, l'édifice mal assis du mysticisme,
le palais des fables, nous leur en offrons la clé,
une clé qui ouvre les plus secrets, les plus
souterrains et les plus éthérés asiles du sentiment religieux. *Inania regna*, dit le poëte.
Royaumes vides des ombres sans corps plus
ou moins bien habillées par ceux qui les montrent et qui les exploitent ; pays du temps
perdu, des vaines paroles, du sang versé à
flots ! Sentant leur fin prochaine, ces fantômes
vous assaillent ; ils se cramponnent à vous ; la
réaction aux abois les mène au combat suprême. La science se retourne et les regarde
en face, et devant sa lumière, comme sous les

rayons du bouclier d'Atlant, les goules, les
stryges, les armées du ciel et de l'enfer, s'éva-
nouissant en fumées, rentrent dans la nuit
ou, mieux, dans la paix des panthéons et des
muséums.

LA NAISSANCE DES DIEUX.

Que deviendrait le raisonnement de Garo, le paysan
de La Fontaine, si, au lieu de dormir sous un chêne,
il se fût couché sous un cocotier, et que le gland eût
été gourde ?

Ce raisonneur champêtre serait-il retourné à la
maison « en louant Dieu de toute chose ? » Voilà ce
que devraient nous dire les commentateurs (qui croirait que Chamfort est du nombre !) auxquels le simple
bon sens du paysan Garo paraît supérieur à toutes
les subtilités philosophiques des détracteurs de la
providence. Cette naïve erreur du bon fabuliste
suffit, il me semble, à jeter quelque ridicule sur l'argument des causes finales. Aussi n'en parle-t-on
presque plus, du moins sérieusement ; et cependant,
malgré les contradictions qu'impliquerait une intervention surnaturelle dans les affaires des hommes et
la marche de l'univers, il n'est guère de jour où on

ne lise çà et là : le plan divin, la providence, la destination des choses, etc., toutes expressions dépour-
vues de sens, mais que la routine a incrustées dans
toutes les langues et dans beaucoup d'esprits.

L'argument tiré du sentiment de la justice n'est
qu'un cercle vicieux ou plutôt un paralogisme. De
l'absence de la justice dans la distribution des biens
et des maux, conclure à l'existence d'une justice suprême, c'est prendre un désir pour une réalité ; c'est,
d'ailleurs, demander aux prémisses des conséquences
contradictoires. La preuve morale n'est donc pas plus
solide, elle est même moins spécieuse que la preuve
métaphysique. Néanmoins, nombre de dévots très-
douteux, de stoïciens, par exemple, oubliant le mot
de Brutus, croient que la Justice, le Bien sont des
réalités extérieures et supérieures à l'homme ; heureuses entités, qui n'ont rien à faire que de se laisser
adorer ! On leur dicte leurs jugements ; mais on leur
permet de les exécuter à huis-clos, derrière la porte
du tombeau.

Une autre défense, plus faible encore que les précédentes, mais la seule saisissante, parce qu'elle prétend
reposer sur des faits, c'est l'argument tiré du consentement universel.

— La plupart des hommes, dit-on, ont adoré ou
adorent des dieux ; n'est-ce pas là un témoignage
irrécusable de leur existence ? — On voit que nous
n'avons pas exagéré la faiblesse de ce raisonnement,
dont on connaît la conclusion : faisons comme tout le

monde. Mais, pour ne citer qu'un exemple, avant Copernic, est-ce qu'il n'y avait pas consentement universel sur l'immobilité de la terre? Qu'est-ce que cela prouvait? Et si un million de niais ont une opinion, faudra-t-il qu'un homme raisonnable se range à leur avis? Lamennais va plus loin : il nie la raison individuelle, mais il n'en pense pas moins qu'il faut s'incliner devant la réunion de tous les individus, déclarés par lui déraisonnables.

Tel est, cependant, le fond de ce qu'on appelle le sentiment religieux, qu'Edgar Poë aurait, plus judicieusement, nommé l'esprit des foules; c'est ainsi que l'interprètent et l'acceptent utopistes, philosophes et théologiens. Des athées convaincus, mais inconséquents, tout en supprimant l'idée de Dieu, conservent le sentiment religieux, qu'ils définissent une aspiration commune vers un idéal supérieur à l'homme. Faisons-leur remarquer tout d'abord qu'ils s'appuient sur une fausse étymologie, et que le mot religion signifie, non pas union des hommes dans une croyance, mais recueil de rites et litanies; au reste, à prendre le mot dans le sens qu'ils lui donnent, la fameuse définition : « l'homme est un animal religieux » équivaut à celle-ci : « l'homme est un mouton de Panurge. »

Religion, religieux, sont des termes vagues, élastiques, vides même, si l'objet avoué n'est qu'une chimère, si l'idéal humain n'est que l'homme lui-même, grandi par un mirage, si les dieux, quels qu'ils soient, n'ont jamais existé que dans la pensée et par la volonté des hommes. C'est ce qu'il n'est pas impossible de démontrer par des textes et par la considération des probabilités anté-historiques.

Quant au sentiment, que toujours l'on invoque à tort et à travers contre la raison et la science, on se garde bien de le définir : c'est, dit-on, un instinct inexplicable, une lueur interne qu'on éteint si on cherche à l'analyser. Voyons cela. Le sentiment de notre existence, est-ce un instinct, une lueur interne ? Mais non, c'est une comparaison instantanée entre nous et ce qui nous entoure, une lumière parfaitement extérieure, c'est un jugement, partant un raisonnement. Le sentiment n'est autre qu'un raisonnement rapide, parfois juste, le plus souvent précipité, incomplet, faux, démenti par une expérience subséquente, et c'est précisément le cas de ce qu'on nomme le sentiment religieux, raisonnement incomplet et faux de l'ignorance primitive conservé par la routine. Notez bien que la naissance et la durée de ce sentiment n'a rien qui doive nous étonner ; il devait se produire et il devait durer, de même qu'il doit disparaître. Il était naturel, il a été commode, il est désormais inutile et condamné. L'homme, qui est une unité et une volonté, a dû tout d'abord voir, dans les choses qui échappaient à sa force et à son intelligence, l'œuvre d'êtres analogues à lui-même, agissant et pensant comme lui. Puis, il a redouté les puissances extérieures qui lui nuisaient, imploré celles qui le réchauffaient et le

vivifiaient. Ensuite, les ayant figurées sous ses propres traits corporels ou intellectuels, il les a apaisées
ou sollicitées par des présents. Que les dieux soient
descendus à l'état de statues ou se soient élevés à
l'état d'idées pures, ce n'en sont pas moins tous des
produits de l'anthropomorphisme. Constatant peu à
peu la fausseté de ces conceptions, les peuples ont plus
ou moins vite réduit les dieux à un seul, qui n'en
héritait pas moins du vice commun à tous ses prédé-
cesseurs, de cette tache originelle et indélébile, l'anthropomorphisme. Les religions monothéistes, généralement inférieures au polythéisme quant à la lar-
geur tolérante de l'esprit et à la fécondité des arts,
n'ont qu'un seul et unique avantage : c'est d'être
irréductibles, à moins de cesser d'être. Elles sont le
dernier mot du sentiment religieux : après elles, la
science marchera libre et sans crainte, et l'homme,
reprenant et corrigeant son raisonnement incomplet
et faux, arrivera enfin à la conclusion inévitable : les
dieux sont nés de l'homme ; simples expédients, ils
n'ont plus de raison d'être ; il n'y a dans leur suppression ni impiété ni imprudence, dès l'instant que tout
marche par soi-même et sans eux. C'est pourquoi
nous pensons que le sentiment religieux, n'étant plus
depuis des siècles qu'une convention acceptée et commode à tous ceux qui n'ont ni le loisir ni la volonté
de réfléchir, a fait son temps. — Mais, par quoi le
remplacerez-vous? — Nous nous contenterions de
l'ôter.

On a coutume de répéter que la négation est stérile, qu'elle détruit et n'édifie pas. Mais, lorsqu'on déblaie, remplace-t-on les décombres ? Émonder des broussailles qui gênent la croissance d'un arbre, ce n'est pas faire le vide autour de lui, c'est lui livrer l'espace où il grandira. La suppression de l'erreur élargit le champ de la vérité. Par cela même que la nuit s'éclaircit, le jour s'éveille. La négation déblaie, émonde, chasse l'erreur et la nuit. Il n'y a pas à remplacer ce qu'elle emporte : c'était de trop. A la place du sentiment religieux, il restera la certitude acquise lentement par la science, et une table rase, une carrière ouverte aux conquêtes indéfinies de notre raison. N'est-ce point assez ?

Nous avons brièvement indiqué plus haut les origines logiques des dieux et des religions ; on peut les résumer en peu de mots : crainte et amour, anthropomorphisme. Il nous reste à montrer par quelques noms, par quelques faits, leurs origines matérielles et humaines. Nous n'irons pas en chercher les preuves dans les superstitions de la Polynésie, d'où l'on pourrait induire sans présomption le fétichisme grossier des âges de pierre et de bronze. Ce n'est là que l'embryon du sentiment religieux, de l'idée de Dieu. Nous y serions toutefois autorisé par le fameux argument du consentement universel. Mais, si les indigènes de Viti, des îles Adaman ou de la Société, ne sont point des auxiliaires à dédaigner pour les marchands d'amulettes ; Platon, Cicéron, Sénèque, Descartes, Kant,

Voltaire, Rousseau, et tous les grands penseurs qui se sont arrêtés avec complaisance à l'idée de Dieu, crieraient qu'on leur fait injure, et repousseraient toute complicité morale et intellectuelle avec les demi-singes de la terre de Van-Diémen et de l'Afrique centrale.

Nous ne poursuivrons pas le sentiment religieux dans les limbes de son enfantement, dans sa longue et misérable gestation, alors que l'homme adorait sans doute chaque plante nourricière, chaque animal conquis sur la nature ennemie. Laissant de côté les siècles où l'homme se dégageait lentement de l'animalité, nous gagnerons les temps déjà lointains où les fiers conquérants de l'Europe, encore unis en tribus agricoles et pastorales entre la Caspienne et l'Allemagne, se préparaient aux aventures des migrations lointaines; et là, au berceau de nos races, nous prendrons sur le fait la naissance de cés nobles dieux qu'elles ont emportés dans leurs voyages, embellissant, dédoublant, variant leurs figures et leurs attributs, sans changer leur essence, et sans effacer les marques, visibles encore, de leur fraternité.

Quel tableau se déroule et quels mystères sublimes et désolants tour à tour!

Là-haut, sur les plateaux d'Asie, dans une lumière déjà sereine et délivrée des malsains brouillards où s'est formée la terre, s'épanouit la race fière et jeune du patriarche Titan Japet. Déjà Sem est établi dans les terres plus basses, recouvrant sans les anéantir les générations plus antiques encore de Cham le jaune, vieux initiateur du monde. Cependant, nos pastoraux ancêtres, durant leurs courses dans les grands pâturages, durant leurs méditations nocturnes, observent, abstraient, dénomment les choses et les êtres, et dégagent naïvement la personnalité humaine. Ils reconnaissent tout d'abord « les grands parents du monde, les deux éternels compagnons de voyage, » le Ciel et la Terre. L'un est Varouna-Ouranos, l'étendue, ou bien il est Dyaus-Zeus, la lumière; l'autre, c'est Prithivi, la mère aux larges flancs, puis Sitâ, le sillon. Le couple primordial se confond en Aditi, le commencement et la fin, l'éternelle substance. Nulle conception plus sublime. Il faut maintenant entrer dans les détails : dans le ciel, les astres, les vents, les nuages; sur la terre, l'homme, les eaux, les plantes, les animaux; parmi les astres, le soleil, qui est Sourya, celui qui féconde, Mitra, l'ami, Aryaman, le bon, qui est Indra encore, lorsqu'il disperse les dragons de la nue orageuse; ici-bas, le lait des troupeaux, le suc des plantes; et, entre les régions célestes et le monde inférieur, pour les unir, un intermédiaire éclatant : le feu ! le feu allumé par l'orage dans les grandes forêts ou créé par la patience de l'homme, le feu du foyer domestique, Agni, enfin, (l'*Ignis* latin), identique à la lumière du soleil, l'essence du monde, source du mouvement et de la vie, qui circule à jamais dans les veines des choses, visible ou invisible. La découverte du feu est le grand fait de ces âges primitifs, la gloire et le bien de l'humanité naissante, le lien entre le soleil et ce qu'il a enfanté, le gage donné par les cieux à l'homme. Aussi le culte ne fut-il d'abord que la commémoration de cette découverte et de ce bienfait. Chaque jour, à l'aurore, à midi et le soir, le prêtre créait Agni par le frottement de deux morceaux de bois, arrosait Agni de beurre clarifié et d'une liqueur fermentée, le Sôma, célébrait Agni par des chants pleins d'images sans nombre. La voix n'avait pas assez de sons, assez de mots pour peindre l'éclat, la chaleur, les mérites et les exploits d'Agni. Ainsi, deux choses en présence : la parole humaine, le signe caractéristique de l'homme ; et le feu, essence des êtres, évocateur des formes ; ce qui divinise et ce qui est divinisé : le prêtre et le dieu.

Voilà le fonds de croyances ou, pour mieux dire, d'idées métaphysiques, dont chaque race émigrante emporta sa part ; on le devine dans les légendes celtes, germaniques, scandinaves et slaves ; mais on le retrouve tout entier dans l'Inde, la Perse et la Grèce antiques, sous les mille broderies ingénieuses de leurs mythologies. Ce culte de la lumière a pu s'amoindrir ou dominer, il n'a jamais disparu ; il a laissé des traces jusque dans l'époque choisie pour certaines de nos fêtes. Dans l'Inde, rejeté au second plan par les conceptions subtiles des Brahmanes et des philosophes, il n'en demeure pas moins le grand purificateur ; les ascètes ne gagnent le ciel qu'en passant par les feux de l'austérité. En Perse, la lutte de la lumière contre les ténèbres, entre le bon et le mauvais principe, Ormuzd, sans cesse victorieux, et Ahriman, toujours dompté, est l'unique sujet de toute spéculation religieuse ou philosophique. Mais la Grèce surtout traduit, selon son esprit particulier, avec une merveilleuse exactitude. Le Ciel et la Terre *(Ouranos* et *Gè, Zeus* et *Démèter)*, Apollon, Vulcain, Prométhée, ne tiennent pas les moindres places dans le Panthéon hellénique. Héraclès (la gloire de l'air) n'est autre qu'un soleil humain, le pendant d'Apollon, l'intelligence et la force civilisatrice, allant se placer par l'action, le sacrifice, le courage, au plus haut du ciel, jusqu'à se faire le fils de Zeus. L'homme et le dieu se confondent chez les Grecs; ils savent fort bien, malgré une réserve apparente, que la divinité est un don de leurs mains, et qu'ils ont droit de donner aux héros ce qu'ils ont décerné à des symboles. Leurs dieux sont leur image, le portrait en pied de leurs éphèbes, de leurs vierges, de leurs athlètes. Les belles figures mythiques ne perdent pas de leur grandeur pour revêtir d'admirables contours, et l'homme consacre son droit d'inventeur en les marquant de son effigie.

Nulle conception métaphysique du divin n'a dépassé la sublime allégorie védique et l'anthropomorphisme grec. Quant à l'antique morale de Japet, elle contenait celle que nous pratiquons aujourd'hui. Dès l'instant que le père et la mère, le fils, le frère et le voisin, ont existé, la morale est fondée et le règne du droit commence. Il n'y a jamais eu que deux axiomes, axiomes fondés sur une expérience immédiate, générateurs de tout ordre social : « Ne faites pas à autrui ce que vous ne voudriez pas qu'on vous fît. » — « Faites à autrui ce que vous voudriez qu'on vous fît ou, mieux, ce qu'il veut qu'on lui fasse. » Sur ces deux pôles, l'un négatif, l'autre affirmatif, tourne à jamais le monde. L'équité et la bonté, voilà les deux piliers où s'appuie la base de l'équilibre moral ; pareils à cet olivier dont Ulysse avait fait le pied de sa couche nuptiale, ils ont pris racine quand la première tribu prit naissance, et nulle tempête ne les déracinera. Sied-il à nos codes et à nos doctrines de tant s'enorgueillir de leur pureté ou de leur justice ? Quand la justice et la pureté manquèrent-elles ? Quels modèles de fraternité ou d'amour ne sont égalés par l'Indien, qui accepte pour sœurs les bêtes féroces ; par un Épaminondas et un Pélopidas, une Arria et un Pœtus ?

Nos pères de l'Himalaya ont institué le foyer domestique, l'autorité réciproque du maître et de la maîtresse de la maison. Nos oncles de Grèce ont fait l'éducation complète de l'homme : ils ont créé la cité. Notre avance sur eux n'est pas grande, si même nous ne sommes pas en retard en quelques points importants. N'ayons pas honte, au reste. Plus de mille ans, nous avons reculé ; un courant ne se remonte pas comme il se descend.

Reculé ! mais que devient la théorie du progrès ?

Elle n'est pas affectée de ces déchéances temporaires ; laissons-la donc hors de cause. Oui, nous avons reculé. Que peut la fourmi dont le vent ou le pied des troupeaux a démoli la fourmilière ? En reconstruire une autre. Eh bien ! le monde japétique a, d'un côté, croulé pour avoir mal assis ses fondements ; de l'autre, sous l'ouragan, sous le poids des barbares. Pouvait-il éviter la ruine, en écarter les deux causes, qui se tiennent ? Sans doute, il le pouvait ; rien n'est absolu, n'est fatal, dans des événements où l'homme, un être relativement libre, est de moitié. Sans Alexandre, qui a jeté le génie grec dans les bras énervants de l'Asie, l'effort de l'Hellade et de l'Italie, se concentrant dans l'Occident et le nord, eût civilisé le monde germanique comme il fit des Celtes, et laissé l'Asie aux éléments de décomposition qui travaillaient son sein. Peut-être le mal remontait-il plus haut. Par la Phénicie, la Phrygie et le commerce Ionique, s'était déjà, vers la fin des âges fabuleux, insinué dans la Thessalie, et de proche en proche, un dieu funeste, trouble-raison, dieu de l'orgie sacrée, de l'extase, ennemi de la science et du travail, enseignant que le bonheur est dans l'oubli, dans les larmes mêmes, nées de l'ivresse du plaisir ou de la douleur. Ce Bacchus, frère des Moloch et des Baal, des Adonis et des Sérapis, fut bien reçu des femmes, et les hommes durent plier. Le stoïcisme, en vain, prenant pour type Héraclès, voulut se jeter en travers, il fut débordé par les divinités malsaines de l'Égypte et de la Perse dégénérées.

De là, un affaissement qui préparait le succès et même l'efficacité partielle d'un culte nouveau, qui réussit à combiner certaines conceptions alexandrines, suivant les données d'un matérialisme mystique.

Les superstitions extatiques de la femme ont triomphé de la raison humaine, abrutie par la débauche asiatique, l'invasion barbare et le pesant moyen-âge.

Ah ! que ne connaissait-on, au xvie siècle, les Védas et l'Avesta ! Une déviation nouvelle eût été épargnée au monde occidental, déjà si longtemps détourné du but de l'humanité pensante, qui est *l'accord de la science avec la conscience*. On put croire un instant que la Révolution avait pour jamais mis en pièces le filet ténébreux qui enserrait la pensée ; mais les temps n'étaient pas mûrs : libérés, les esprits divaguaient ; toutes ces lumières, aujourd'hui brillantes à l'horizon oriental, n'avaient pas été dégagées des ténèbres des âges. L'incertitude générale, et ce mouvement de réaction qui fatalement succède à tout élan inconsidéré, rattachèrent, plus serré que jamais en apparence, le réseau que nos femmes et nos filles ornent de tant de broderies, pierreries, fleurs artificielles, et qui se cramponne par mille petits fils au faux ordre de notre société sans cervelle. Si bien que le xixe siècle, ce géant, est lié, comme Gulliver, par une multitude de Lilliputiens et Lilliputiennes qui menacent de lui crever les yeux s'il fait un mouvement pour emporter ces toiles d'araignées ; ce qu'il y a de pis, c'est que le Gulliver moderne se soumet, ayant soin de ne faire prêter ses chaînes qu'autant qu'il est nécessaire pour gagner de l'argent sans trop de peine. Ces précautions finiront, si l'on n'y prend garde, par une paralysie locale ; et quelle ? (pour parler comme Michelet) la paralysie de la libre-pensée et des plus hautes facultés de notre cerveau.

LA SCIENCE DES RELIGIONS.

« Deux forces se partagent encore le monde : la religion et la science. Mais l'une diminue, l'autre s'accroît... Les Églises perdent tout le terrain que gagne la science. » L'ère des religions étant finie, il importe de recueillir et de classer les divers échantillons fossiles de cette idéale tératologie, de cette faune anthropomorphe que l'imagination humaine superposait jadis à la réalité des choses. Dans un livre récent, M. Émile Burnouf esquisse, non sans hardiesse, le plan d'une collection raisonnée, d'un vaste panthéon mortuaire, où reposeraient à jamais les dieux que la vie abandonne. Au seuil de son muséum, il a placé les réserves polies, les admirations de bon goût, les axiomes *à priori* d'un spiritualisme décent et tout un cortége de consolations, qui figurent assez bien le groupe d'ombres divines habilement disposé par Virgile à l'entrée de ses Enfers. Entrez, dieux et déesses,

4*

dans votre tombeau ; n'ayez point de regret ; vous laisserez derrière vous la meilleure part de vous-mêmes, l'idée de Dieu, le sentiment du divin, on ne sait quelle ambroisie qui est votre essence. Entrez, une main délicate écartera les plis de vos voiles ; « la science des religions, » soyez-en convaincus, « n'est pas l'ennemie de la religion. » C'est ainsi que M. Burnouf amadoue ses victimes. Nous y aurions voulu moins de précaution. La science s'accommode assez peu de ces coquetteries ; elle va droit aux faits, les analyse, les apprécie et conclut. Mais qu'importe ? Si M. Burnouf applique rigoureusement la méthode historique, s'il envisage et compare scientifiquement les phénomènes de l'ordre religieux, la conclusion s'imposera.

A considérer l'ensemble historique, la suite des religions qui fleurissent ou dépérissent dans le monde, deux grands courants s'y dessinent de bonne heure, l'un naturaliste et panthéiste, où les dieux sont des noms détournés de leur sens concret, *numina*, *nomina*, et qui, représenté par les divers polytéismes, aboutit à la libre-pensée ; l'autre, monothéiste, qui, par le judaïsme officiel, l'islam et le christianisme, arrive au déisme, à l'idée abstraite de Dieu. D'après M. Renan, ces deux courants parallèles, originairement irréductibles, répondent aux facultés cérébrales de deux groupes ethniques, l'âryanisme et le sémitisme. Le cerveau sémite aurait naturellement et fatalement conçu l'idée d'un créateur unique, personnel et conscient, Javeh ou Allah. Le mahométisme représenterait l'idéal sémitique dans toute sa pureté, ou plutôt dans toute sa rigueur stérile ; tandis que la trinité, l'incarnation, la résurrection de la chair, la déification de Marie, attesteraient l'intrusion dans les doctrines chrétiennes de la mythologie et du polythéisme âryens.

Toutes les théories sont indifférentes à la science, qui se préoccupe avant tout de la réalité des faits. Elle n'accepte les vraisemblances qu'à défaut de vérités constantes. Or, ici, les faits donnent tort à la théorie de M. Renan, aussitôt qu'on veut l'appliquer aux documents sémitiques les plus anciens. En effet, qu'est-ce que le Coran, sinon une protestation contre le polythéisme et l'astrolâtrie arabe? Qu'est-ce que la Bible, telle qu'elle est sortie des mains d'Ezra et de Néhémie? Une épuration perpétuelle et imparfaite d'un antique polythéisme hébraïque et chaldéen. Javeh n'est qu'un des Élohim, un Jupiter prépondérant, qui cherche à éliminer les Baal, les Moloch, les Mylitta et les Zarpanit, les taureaux sacrés et les mythes solaires.

Les Sémites, indubitablement, ont débuté, comme les Aryas, par un polythéisme naturaliste. S'ils semblent être arrivés plus tôt et plus directement au monothéisme absolu, s'ils ont imaginé les premiers une force extérieure à l'univers et créatrice *ex nihilo*, c'est grâce à leur impuissance philosophique. Leur puérile cosmogonie s'est plus aisément accommodée d'une conclusion surnaturaliste, qui coupe court au doute, à la curiosité, à la science. Mais, en principe, la conception religieuse des Sémites ne diffère pas du polythéisme âryen. Elle est fondée sur le même raisonnement naïf, qui transporte aux choses extérieures la volonté et la conscience personnelles, attributs du cerveau vivant. Elle a suivi la même marche convergente vers l'hypothèse d'une force principale symbolisée par le soleil, source de la chaleur, puis de la vie, et enfin de la pensée.

De cette concordance manifeste, M. Émile Burnouf ne conclut pas seulement à une identité morale et initiale entre les deux grands rameaux de la race blanche, il va plus loin ; il aime à supposer, avec M. Bunsen, que les Sémites ont reçu des Aryas le fond de leurs mythologies et le germe de leur religion. Autant ses conjectures sont probables à l'égard de certaines croyances qui ont trouvé place dans la Bible, autant elles sont aventurées en ce qui concerne l'anthropomorphisme lui-même, d'où procèdent les mythes et les métaphysiques, illusion qui semble bien appartenir à l'humanité tout entière, à la primitive ignorance, et qu'on entrevoit au fond des superstitions de toutes couleurs, noires, rouges, jaunes ou blanches.

Toutefois, si on la restreint aux textes sacrés des Hébreux, l'opinion de M. Émile Burnouf peut être admise sans danger. On sait, en effet, que les idées religieuses des Aryas sont consignées dans de nom-

breux hymnes composés du xv° au x° siècles (?) avant
notre ère, et que le corps de la Bible ne renferme pas
dix pages peut-être qu'on puisse croire antérieures
au x°; dans ces pages mêmes apparaît le dualisme
perse, le combat de la lumière contre les ténèbres, du
dieu contre le serpent; tout ce qui est postérieur aux
captivités, invention des anges, avatars de divinités
intermédiaires, trinité et messianisme, porte l'empreinte manifeste des traditions âryennes, modifiées
par le travail particulier de l'esprit mazdéen; les parties les plus récentes, les prophéties et les apocalypses
accusent peut-être l'influence des missions bouddhiques. Ce qui se débat entre Esséniens et Pharisiens,
entre les sectes, entre les écoles de Hillel et de
Schammaï, ce qui inspire le diacre Étienne et l'apôtre
des Gentils, Paul, disciple de Gamaliel et véritable
fondateur du christianisme, ce sont des idées indiennes et perses, brahmaniques et bouddhiques. La doctrine secrète de Jésus et de la primitive Église est
le reflet confus de ce chaos. Ainsi donc, bien que
M. Burnouf ne tienne pas assez de compte, dans le
judaïsme, des emprunts faits à l'Égypte, dont le
système religieux était complet quarante siècles avant
Jésus, vingt-six siècles avant Moïse; bien que, dans
le christianisme, il ne fasse pas une assez large place
aux influences directes de Platon, de Zénon, d'Épicure, si nettement établies par M. Havet, ses inductions savantes autant qu'ingénieuses renferment, on
n'en peut douter, une grande part de vérité.

C'est dans le *Rig-Véda* que nous étudierons avec lui, non pas le germe, mais deux ou trois phases antiques du développement religieux.

Les plus anciens hymnes, qui supposent une période antérieure où les mythes étaient encore à l'état de métaphores ondoyantes et transparentes, créées par l'anthropomorphisme inhérent au langage, nous montrent l'homme adressant des invocations presque sans culte à tout ce qui se mêle à sa vie et frappe ses organes : aux eaux, aux plantes, aux montagnes, aux astres et aux nuées. Il leur prête quelque peu de son propre instinct, mais sans les revêtir encore des formes déterminées ; c'est la réalité même qu'il admire et qu'il transfigure en ses chants. Puis, les étonnements simultanés ou successifs que la curiosité enfantine a notés au jour le jour aboutissent, par un effort déjà puissant, à la conception du Ciel et de la Terre, les deux grands parents du monde, qui bientôt vont s'unir dans la vague synthèse panthéistique : *Aditi*, l'universalité des choses et des forces, ce qui a été, ce qui est et ce qui sera.

La terre fut rapidement subordonnée au ciel ; et le spectacle de l'étendue (Varuna-Ouranos), la marche du soleil (Surya), l'alternance des jours et des nuits, de la lumière sereine et des ténèbres orageuses, donnèrent naissance à la mythologie proprement dite. Le soleil fécondant, vainqueur des nuées, maître des pluies heureuses, dont l'éclair semblait l'épée, devint, sous les noms de Savitri, Indra, Mitra, Aryaman, l'*Asura* suprême, le père des *Adityas*, ces Titans célestes qui, à l'aide des souffles ou *Rudras*, poursuivent et pourfendent les dragons de la tempête et traient les vaches lumineuses dont la pluie est le lait. Ces légendes solaires, qui tiennent une grande place dans le Véda, forment la trame des mythologies grecque, germanique, scandinave et slave.

L'imagination et le langage en étaient là, créant autant de dieux que le ciel prenait d'aspects éclatants ou mornes, lorsque la découverte du feu, *Agni (ignis)*, cette étincelle du soleil, vint établir entre l'homme et ses dieux une communication constante. C'était la substance divine elle-même qui résidait dans le foyer de la famille ; et tous les jours, le pasteur antique, à la fois roi et prêtre, la voyait, la faisait naître du frottement de deux morceaux de bois *(Arani)* arrosés de beurre clarifié et d'une liqueur fermentée appelée *sôma*. C'est après la divinisation d'Agni que les diverses nations âryennes semblent s'être dispersées, emportant pêle-mêle tous les fragments antérieurs de l'histoire mythique, les noms et les aventures des dieux et le culte commémoratif de la découverte du feu arrosé de graisse et de vin.

Mais le développement védique ne s'arrêta pas là. L'homme, s'apercevant que sa volonté, sa parole, produisait le feu et créait le dieu, s'éleva jusqu'à la conception d'une volonté, d'un verbe tout-puissant, Brahma, essence d'Aditi, lequel, porté par le Vent ou l'Esprit, animait toutes choses et renouvelait l'univers. Le monde était donc l'émanation d'un être impersonnel, à la fois ordonnateur, destructeur et conservateur. De là cette trinité-une, Brahma-Çiva-Vichnou, dont la trinité chrétienne est un souvenir incohérent. Ajoutez à ces données les castes créées par la conquête et la croyance à la métempsychose, née de la permanence du feu et de la vie, et vous aurez tous les éléments constitutifs du brahmanisme, qui, en concevant la triade sous une forme abstraite et neutre, *Brahm*, atteignit au monothéisme métaphysique. Cette religion nouvelle, où se fondaient sans disparaître les souvenirs du panthéisme primitif, du couple de la terre et du ciel, de la lutte entre le jour et les ténèbres, et du dieu concret *Surya-Agni*, se transmit par la Perse jusqu'à la Judée et à l'Occident. Quelques siècles plus tard (VIᵉ-IVᵉ siècles avant Jésus-Christ), le bouddhisme, protestation contre l'éternité des castes et contre le supplice de la métempsychose, enseignant la délivrance par l'extase, et l'anéantissement de la douleur par l'oubli définitif de la personnalité dans la mort, rayonna à son tour, porté par d'innombrables missionnaires, sur le monde entier, et créa le milieu moral où pouvait naître le christianisme, étonnant et informe assemblage de toutes les mythologies confondues dans un monothéisme trinitaire et mystique.

Bien plus évidemment encore que les vestiges des phases religieuses traversées par la pensée âryenne, le culte essentiel du feu, le sacrifice primitif du matin, de midi et du soir, se retrouve dans tous les systèmes, polythéistes ou autres. Dupuis l'avait bien vu, comme avant lui Macrobe ; la science positive leur manquait seule ; mais leur intuition immortelle avait deviné que le soleil est le père des dieux, le feu l'origine de tous les cultes. Rien de plus curieux, de plus convaincant que les concordances innombrables relevées par M. Émile Burnouf. Il démontre qu'il est impossible d'expliquer le rituel chrétien sans avoir recours aux cérémonies symboliques des antiques Aryas ; les époques des fêtes sont toutes astronomiques, solaires ; la croix, bien antérieure au Christ, est tout simplement formée des deux morceaux de l'*Arani* ; le point de jonction, où depuis a été placée la couronne de rayons, changés en épines autour du front du crucifié, est précisément l'endroit d'où jaillissait la flamme. Le Saint-Sacrement, c'est le feu, Agni lui-même, allumé en grande pompe le samedi saint par des liturgistes inconscients. Il n'est pas jusqu'à l'agneau pascal, à cet *agnus* qui représente, on ne sait pourquoi, le sauveur des chrétiens, où l'on ne puisse rêver une vague réminiscence du nom d'Agni. Il faut lire et méditer tout ce chapitre, le plus décisif, le plus topique du livre.

Ainsi, un dieu, un mythe, un rite, ont suffi à fonder toutes les religions ; sans eux, elles tombent, elles ne sont plus que des déviations de la fantaisie.

Après avoir déblayé le terrain, M. Burnouf suit la religion dans ses dédoublements et, d'orthodoxies en hétérodoxies, la conduit à une pulvérisation complète des Églises et au retour de l'homme à la religion individuelle. Chemin faisant, il énonce une énormité qui chagrinera beaucoup de tardigrades à Rome et à Versailles. La morale n'a aucune part essentielle dans l'idée religieuse et dans le culte, simple métaphore anthropomorphique et simple commémoration d'un grand fait, le plus grand avec le langage dans l'évolution humaine, la conquête du feu. La morale n'émane aucunement de la religion ; elle n'est que la résultante des mœurs d'une époque ou, mieux, la permanence des règles et des coutumes légitimement fixées par les rapports sociaux. Loin d'être tributaire de la religion, c'est la morale qui s'impose aux doctrines surnaturalistes, qui les contraint à se tenir au niveau de l'époque où elles se constituent. C'est la morale qui crée les religions, en ce sens qu'elle les caractérise et les différencie. Mais elle leur reste foncièrement étrangère ; elle change ou progresse avec les âges, les laissant dépérir tour à tour dans leur routine dépaysée. La morale de Manou, celle de Jésus, celle des Évangiles, étaient celles de leur temps ; le monde a marché, et la morale brahmanique, bouddhique, chrétienne, est restée presque immuable, s'accommodant en fait aux siècles qu'elle traverse, mais combattant par la parole et par le livre les tendances nouvelles qui la condamnent à disparaître ; car les religions ne peuvent se transformer sans périr ; elles ont leur organisme, leur sphère ; et la limite de leur vitalité est, dès le principe, incluse dans leur germe.

Maintenant, qu'est-ce que la religion individuelle ? Cette religion à laquelle manque le caractère religieux par excellence, c'est-à-dire le culte ? Qu'est-ce que cette foi dans une idée métaphysique, dans un concept formé de flamme, de vie et de pensée ? Qu'est-ce, enfin, que ce dieu que M. Burnouf entend sauver et établir à côté ou au-dessus des axiomes de la science ? Quelle est la valeur scientifique du principe et du sentiment religieux ? La science, à laquelle M. Burnouf veut donner la religion pour sœur, est-elle en mesure de se prononcer ? Nous sommes de ceux qui le pensent.

La religion toute nue, telle que M. Burnouf l'a dégagée des mythologies ou des théurgies, consiste en ce syllogisme : La vie terrestre procède de la chaleur solaire ; or, la vie est la condition de la pensée ; donc, le soleil ou son essence, qui engendre la vie, possède la pensée ; cette essence a conçu les lois qui régissent le monde, et elle les applique. M. Burnouf ne voit pas entre ces divers termes les « énormes solutions de continuité » dont a parlé La Fontaine. Elles sautent pourtant aux yeux ; mais M. Burnouf est spiritualiste avant d'être savant ; *à priori*, bien qu'il s'en défende, il admet des principes métaphysiques. « A notre époque, il serait honteux d'être athée ! » Cette petite phrase sert d'écaille à ces yeux si lucides. La science, qui se soucie peu des mots, qui tient compte uniquement de la réalité et la proclame quelle qu'elle puisse être, se contente de constater que la pensée est la propriété, l'acte, l'attribut exclusif d'un certain organe vivant qui s'appelle le cerveau ; qu'en dehors d'un état particulier des corps, nommé vie, et d'une substance particulière nommée substance grise de l'encéphale, il n'y a point de pensée, et cela lui suffit. Après quoi, elle remercie cordialement M. Burnouf de son livre plein de faits et de lumière.

Il y a un peu d'embarras au commencement, beaucoup de vague à la fin ; par endroits, beaucoup de préventions ; une certaine défiance de la linguistique, qui fait reculer l'auteur jusqu'au symbolisme de Kreutzer ; mais, en somme, une grande science et une grande bonne foi, jointes à une sagacité rare. En somme, cette convaincante synthèse est une excellente introduction à l'étude des religions.

LA MYTHOLOGIE COMPARÉE.

On entend d'ordinaire par mythologie le corps des fables incohérentes groupées autour des figures des anciens dieux, et l'on cherche l'origine de ces légendes : tantôt dans l'exagération de certains souvenirs historiques et la transfiguration d'êtres réels, c'est l'*évhémérisme* ; tantôt dans la personnification d'idées philosophiques, esthétiques, morales, d'essences imaginaires, c'est le *symbolisme*. Sans repousser ni l'un ni l'autre système, nous ferons remarquer qu'ils expliquent peu de chose ; ils n'atteignent pas le fond obscur du mythe, la raison des actes étranges auxquels se livrent les dieux et les héros. Le symbolisme est bien en germe dans la mythologie primitive, et il a sa grande part dans la formation des religions ; mais il ne s'est développé qu'à un âge plus réfléchi de de l'intelligence, alors que l'homme tentait d'introduire un peu d'ordre et de logique dans ses croyances,

5*

et d'élever à son niveau ses dieux et ses demi-dieux. La période des conceptions symboliques, bien qu'elle ait commencé avant l'histoire, suppose déjà de longs tâtonnements, une certaine richesse dans la langue, et je ne sais quelle fausse honte des procédés enfantins de l'esprit naissant.

Les fables et les mythes sont éclos spontanément et fatalement comme les mots et les phrases ; ils ont représenté, clairement d'abord, des sensations et des impressions de l'homme aux prises avec les phénomènes, les choses et les êtres ambiants. Expressions proverbiales dont le sens s'est obscurci, par suite, soit des progrès du langage, soit de l'altération des dialectes et des migrations des peuples : l'étude des mots qui les composent et les constituent peut seule en révéler le fond. Mais une telle analyse était impossible avant l'établissement des groupes linguistiques et des lois phonétiques. La mythologie comparée est inséparable de la grammaire comparée et de l'étymologie ; car les dieux ne sont autre chose que des substantifs et des adjectifs comme les autres, *numina, nomina*, et c'est à leurs noms qu'il faut demander le secret de leur naissance, de leurs aventures et de leur fortune.

La période mythique peut être définie : la phase métaphorique du langage et de la pensée. Cet état comporte trois caractères principaux : l'homonymie, la polyonymie, l'anthropomorphisme.

Il y a eu homonymie lorsqu'une seule racine attributive a servi à noter plusieurs objets.

Il y a eu polyonymie lorsqu'un objet a été désigné par plusieurs de ses qualités et de ses aspects. Ces qualités, attribuées à d'autres objets, ont pu, à leur tour, produire l'homonymie.

Il y a eu anthropomorphisme toutes les fois qu'une individualité, analogue à la personne humaine, a été prêtée à des choses impersonnelles ou imaginaires.

Les exemples de ces trois procédés ne manquent pas, même dans les langues les plus modernes. Ainsi, le mot *rouge*, signifiant à la fois une couleur, un effet de la honte, un parti politique, une bille de billard ou de jeu, crée des homonymes. *Soleil, astre-roi, œil du jour, père des moissons,* etc., sont des synonymes ou polyonymes. Quant à l'anthropomorphisme, il est partout dans le langage ; si l'on dit : « Le soleil *se lève,* ou *se* couche, » on fait de l'anthropomorphisme, parce que le verbe réfléchi implique une action volontaire, laquelle n'appartient qu'à des organismes vivants. « La justice et le devoir *veulent* que le mandataire obéisse au mandant » est une proposition anthropomorphique, parce que la justice et le devoir, n'ayant aucune existence objective, ne sauraient avoir de volonté. Et maintenant que la richesse du vocabulaire et la précision de la pensée ont écarté pour toujours la confusion introduite, à l'âge des racines, par l'homonymie et la polyonymie, maintenant encore, l'anthropomorphisme règne dans la métaphysique et fait illusion aux esprits imbus de ce qu'on nomme, en termes d'école, les vérités moyennes. Le verbe et les substantifs dérivés ou abstraits n'ont pu se former sans anthropomorphisme, dans un temps où l'homme, par ignorance autant que par instinct, était forcé de tout rapporter à lui-même, de concevoir à sa propre image les causes de ses impressions. Tout le langage est fondé sur cette illusion ; il n'a pu s'en défaire ; et la pensée, étant identique au langage, en a fatalement conservé les erreurs. Mais quelle force n'a pas dû posséder la métaphore dans cette antiquité reculée où quelque cinq cents racines devaient suffire à tous les sens, et où les plus humbles lois naturelles étaient hors de la portée des humains ! De quelles associations bizarres, de quels quiproquos, de quelles chimères n'a-t-elle pas dû léguer le chaos ondoyant et obscur aux générations qui, par degrés, s'éloignant du berceau de la race, ne cessaient de modifier, d'altérer et d'accroître la langue des aïeux !

La mythologie comparée, science née de nos jours, — nous disons science, non qu'elle soit achevée, mais parce qu'elle est en possession d'une méthode, — cherche à démêler sous la végétation luxuriante des mythes la métaphore antique, la racine, le germe enfin d'où ils sont sortis. Une telle étude, bien que minutieuse, n'est point aride ; elle fait revivre tout un passé mort, toute cette floraison éclatante et étrange de l'esprit humain dans sa curieuse et naïve jeunesse, enchevêtrement de lianes tombées en poussière, qui si longtemps ont arrêté ou égaré l'homme dans sa marche à travers la forêt des siècles. Ni la philosophie, ni l'histoire ne peuvent dédaigner les dieux ; encore moins l'art et la littérature renieront-ils tant de types charmants ou forts, incarnations expressives et immortelles des choses réelles et du monde idéal. Déjà MM. Ad. Kuhn et Max Müller (1), créateurs de la mythologie comparée, M. Michel Bréal *(Hercule et Cacus, le Mythe d'Œdipe)*, M. Baudry *(les Mythes du Feu)*, M. Girard de Rialle (dans la *Revue de Linguistique)*, M. de Gubernatis *(Zoological Mythology)* (2), ont abordé et éclairci une foule de mythes indo-européens, qui presque tous se rapportent aux phénomènes aériens, au grand et éternel combat du soleil contre la nuée orageuse, du jour contre la nuit, principal objet des chants et des méditations de nos ancêtres. Tantôt ce sont les amours de l'Aurore et du Soleil, Céphale et Procris, Apollon et Daphné, Uchas et Surya, tantôt les triomphes d'Indra, Agni, Varuna, aidés des Vents, sur les Dragons ténébreux, Ahi, Vritra, Orthros, la conquête ou la délivrance des Vaches céles-

---

(1) Max Müller, *Nouvelles Leçons sur la Science du Langage*, traduites par MM. Georges Perrot et G. Harris (Durand et Pédone-Lauriel, 1868, tome 2). — *Essais sur la Mythologie comparée, les Traditions et les Coutumes*, traduits par M. Perrot (in-8°, Didier, 1873).

(2) A. de Gubernatis, *Zoological Mythology or The legends of animals* (2 vol. in-8°, Trubner and C° ; à Paris, chez Ernest Leroux).

tes, des Toisons et des Pommes d'or par les Héros solaires. Rien de plus attrayant que ces fines analyses, mais aussi rien de plus difficile à résumer, parce qu'on n'en peut rien retrancher. Tous les détails y sont nécessaires ; tous les fils, même les plus ténus, y font leur office. Pour donner une idée de la méthode comparée en mythologie, et de ses résultats les mieux acquis, nous exposerons le moins incomplétement possible l'histoire d'un seul mot ou nom divinisé, qui est l'un des plus anciens dieux de nos races et qui survit à tous les autres.

Parmi les racines communes à toutes les langues âryennes, il en est une qui, dès le principe, se présente sous deux formes, Div et Dyu (ou *Dju*), selon qu'elle doit être suivie d'une voyelle ou d'une consonne. Par le renforcement, Div devient *Daiv* et *Dâiv* ; Dyu devient *Dyau* et *Dyâu*. Le sens de cette double racine est *briller, éclater*.

Sous les formes DIV, *daiv* (ou *dêv*) et *dâiv*, viennent se ranger les mots sanscrits *diva*, jour et ciel ; *divya*, céleste ; *déva*, brillant, divin, dieu ; *dâiva*, sort, destin ; le grec *dios* (pour *divos*) ; le latin *dies*, jour, *dium* et *divum*, ciel, *Diana*, *Deus* ; le germanique *Tios*, *Zies*, *Tivar*, l'anglo-saxon *Tiwesdaeg*, le haut allemand *Ziestag* (*tuesday, dientag*), jour du ciel ou du dieu Mars, mardi, et dans la langue de l'Edda *Tivar*, les dieux ; enfin, le lithuanien *diena* et *diewas*.

Aux formes DYU, *dyau* et *dyav*, *dyâu* et *dyâv*, se

rattachent, en sanscrit, *dyus*, *dyubhis*, de jour, toujours, *Dyâus*, pluriel *Dyâvas*, le ciel, les cieux, etc.; en grec, *Zeus* (béotien *Deus*), et tous ses congénères *Zên*, *Zênos*, *Zênôn* (pour *Djânân*); en latin, *Jovis* et *Diovis*, *Ju* de Jupiter, *Juno*, *Juturna*, *Janus*; dans les langues germaniques, *Tyr* pour *Tyus*, dieu de la guerre, et *Tuisco (Tu-isc)*, ciel, père de *Mannu* (l'homme).

Les brillants personnages, les Dévas ou Dii, élevés au rang suprême par les mythologies et les religions, demeurent les frères de simples mots de la langue commune ; ils n'ont pas d'autre origine qu'un signe vocal exprimant l'éclat, et aussi le charme, le bienfait du jour, de la clarté céleste ; notre mot *dieu* est encore bien proche parent, qui s'en douterait ? de *jour*; car *jour* (italien *giorno*) vient de *div* par *dies* et *diurnus* (d'où *diurnale, journal*). Dans les hymnes védiques, il y a mélange et confusion perpétuels des trois sens, jour, ciel et divinité céleste ; certaines locutions, en grec et en latin, nous parlent d'un âge antique où Dyaus, Zeus et Jovis et *Deus* n'étaient encore ni dieux ni Dieu, où l'idée anthropomorphique de divinité ne s'était pas dégagée de la notion de ciel, lumière, étendue. Quand les poëtes s'écriaient : *Huson Zeu*, pleus, ciel ! quand Ennius écrivait ce beau vers : *Hoc sublime candens quem invocant omnes Jovem*, cette splendeur suprême que tous appellent Jupiter ; ils étaient bien près de fonder la mythologie comparée. Citons encore : *Zeus huei*, il pleut, *sub dio, sub divo, sub jove frigido*, sous le ciel, en plein air, et la métaphore de Virgile : *Largo descendet Jupiter imbre*, Jupiter va descendre en large pluie. Tout cela jette quelque lumière sur l'histoire de Danaé et de sa pluie d'or, ou même sur les modernes Rogations, lorsque les prêtres et les fidèles, successeurs des frères *Arvales*, s'en vont à travers champs demander à ce qui luit dans l'espace une alternance convenable de soleil et de pluie féconde.

Le ciel lumineux jouit d'ailleurs depuis plusieurs milliers d'ans de l'adoration des mortels ; il était divinisé longtemps avant la séparation des idiomes et des peuples âryens, non pas seul, comme le désireraient les orthodoxes, mais en compagnie de la terre, sa compagne inséparable, du feu, du vent, du soleil, des eaux, des plantes, des montagnes même. Le Rig-Véda, qui renferme de nombreux mythes purement indiens, a gardé cependant d'innombrables vestiges de cette période où la pensée âryenne avait atteint à la synthèse, déjà très-philosophique (et beaucoup moins fausse que la métaphysique ultérieure), du couple primordial, le ciel et la terre, père et mère de l'homme et de toute chose. Cette conception domine manifestement la mythologie hellénique. Zeus et Dèmèter, ou bien Ouranos et Gaïa, sont les grands dieux d'Hésiode. Le caractère de Dyaus n'était d'ailleurs pas très-nettement déterminé ; il a été le jour combattant, le héros du ciel autant que le ciel même ; quelques rares hymnes védiques le représentent, comme ils figurèrent plus tard Indra, vainqueur des dragons sombres et libérateur du troupeau des nuées. Pour les Germains, Tyr est le dieu de la guerre ; chez les Latins, Jupiter lance la foudre, la grêle, la pluie ; Janus commande aux mois et conduit l'année ; les Grecs ont mêlé avec une richesse et une variété extrêmes le Zeus céleste et le Zeus solaire, aux prises avec les Titans, et se dédoublant, se multipliant en Héraclès, en Apollon, en Persée, en Thésée, inépuisable type de légendes qui s'y ramènent aisément. Mais si, presque partout, sans supprimer d'ailleurs les autres puissances de l'air, des eaux et de la terre, il est devenu le maître et le père des cieux, il n'est nulle part la divinité elle-même, l'abstraction divine, qui est une qualité et non un être. Le sens de ce nom en s'obscurcissant l'avait individualisé. Ce dangereux privilége est échu à une autre forme de la même racine, demeurée dans l'usage commun, *dêv*, d'où procèdent *déva, deus* et peut-être aussi *théos*.

Tandis que Zeus ou Jupiter et sa vieille épouse, la Terre, s'en allaient régner en Occident, Dyaus languissait dans la haute Asie ; il commence, dans les Védas, à n'être plus qu'un dieu honoraire, dont le nom est encore invoqué, mais qui a cédé à des héritiers plus jeunes l'empire effectif et le glaive rayonnant dans les combats célestes ; le mazdéisme, tel qu'il nous est connu par le Zend-Avesta, tout entier fondé sur l'antagonisme de la lumière et des ténèbres,

du mal et du bien, a laissé dans un complet oubli
Dyaus et Prithivî, le ciel et la terre. Rien ne prouve
mieux que ces destinées diverses d'un même personnage l'antiquité des mythes solaires et de la séparation des peuples âryens.

Si l'anthropomorphisme a joué, comme nous le di-
sions, le principal rôle dans la création des mythes et
des dieux, la métaphore a souvent emprunté les traits
et quelquefois le caractère de ses personnifications au
monde animal, si mêlé à la vie humaine primitive.
Des pasteurs, des dompteurs de chevaux, comme
étaient nos ancêtres, ont aisément divinisé ce qui faisait leur richesse, non pas directement, mais soit par
la confusion des racines et des noms, soit par des
comparaisons et des qualifications tirées des formes animales. C'est ainsi que les Aryas ont donné
aux héros solaires des têtes de cheval, des cornes de
taureau, des ailes d'aigle ; que les nuages sont tour à
tour des vaches fécondes, des dragons aux monstrueux replis, soufflant le feu par les narines. Chaque
tribu, en parcourant des régions nouvelles, en a fait
entrer les animaux, les plantes, les montagnes même,
dans sa mythologie. Il en est résulté les alliances les
plus inattendues et les plus étranges. Qui croirait que
le soleil ait un rapport quelconque avec la caille ? Eh
bien ! il s'est trouvé que le même terme a pu s'appliquer à l'humble oiseau et au grand astre.

Les Indiens, essayant de comprendre le retour du
soleil après la nuit, ont pensé qu'il roulait sur lui-

même, sous la terre ou à travers la terre, pour reparaitre à l'Orient ; or, la caille a coutume de se rouler dans la poussière ; et le même qualificatif *vartikâ (vart*, latin *verto)*, exprimant l'action de se rouler, a pu caractériser la caille et le soleil. Le nom est resté celui de la caille, de sorte qu'il a pu naitre une légende du soleil changé en caille. Nous saisissons là sur le fait, et dans une circonstance qui aurait pu n'être jamais expliquée, la métamorphose des dieux en animaux. C'est là un cas curieux de polyonymie. On ne peut douter que de telles confusions se soient produites dans toutes les langues et chez tous les peuples de la terre. L'Égypte par excellence, l'Assyrie, l'Inde, la Chine, le Japon, les hordes sauvages, abondent en divinités animales.

La Grèce a conservé la Chimère, Échidna, le chien à trois têtes, les pieds de bouc des satyres et du dieu Pan, les cornes d'Achéloüs, de Bacchus, les ailes d'Hermès, les dragons de la Toison d'Or et des Hespérides, les bœufs du Soleil, les pommes d'or, les Harpyes, les Gorgones, les Centaures, les Griffons, le Sphinx, et combien d'autres encore. Zeus s'est changé en bélier, en taureau, en cygne ; Dionysos en grappe de raisin. Toutes ces métaphores animées ont laissé leur trace dans les cultes même les plus épurés, associant aux évangélistes le lion, le bœuf, l'aigle, peut-être le porc à saint Antoine, faisant promener jadis dans les cathédrales un âne couronné de fleurs, dominant l'iconographie chrétienne des catacombes et du moyen-âge; elles ont semé dans les campagnes d'innombrables croyances superstitieuses, et, chassées des intelligences adultes, elles se sont réfugiées dans les fables populaires, dans les contes de fées.

M. Angelo de Gubernatis, professeur de sanscrit à Florence, s'est plongé dans cet abîme de la divagation humaine, où l'on ne s'égare pas sans charme, et où l'on ne se retrouve pas sans difficulté. Il n'a pas borné ses études à la mythologie animale des Aryas; mais, le plus souvent, il l'a prise pour base et surtout pour terme de comparaison. Peut-être va-t-il trop loin lorsqu'il cherche dans les mythes tartares et finnois des données indo-européennes; mais ce n'est pas ici que nous pouvons exposer et discuter ses raisons. M. de Gubernatis est un maître, et il ne faudrait le contredire qu'en pleine connaissance de cause et avec réserve. S'il nous paraît quelquefois très-hardi dans ses rapprochements, s'il rattache à des légendes anciennes une multitude d'apologues et de proverbes qui peuvent aussi bien être nés d'une réflexion morale, d'une observation individuelle, il a tant d'adresse à relever et à renouer les moindres fils, qu'on passe insensiblement du pas léger de l'Aurore au petit pied de Cendrillon, du soleil nocturne, aveugle et boteux, ramené par les deux cavaliers du matin, à l'histoire connue du boiteux guidant l'aveugle qui le porte. L'auteur, avant de grouper en trois livres les aventures des animaux de la terre, de l'air et des eaux, fait remarquer très-justement que la plupart des

mythes indo-européens ont eu pour patrie première
l'étendue céleste, que les Gandharvas, avant de galo-
per dans les plaines, ont accompagné le taureau-soleil
à travers l'espace, que le serpent Python s'est déroulé
dans les nuées, que l'Ourse-Callisto est la constellation même où les Grecs l'ont placée, et que toute la
faune symbolique, aussi bien que la lignée des héros
et des demi-dieux, était descendue des cieux et n'a
fait qu'y remonter.

Le livre de M. de Gubernatis, *Zoological mythology*, est toute une encyclopédie qui ne peut être lue
qu'à loisir. Tous les rapprochements, toutes les conjectures y sont appuyées de citations textuelles du
Véda et des poëmes de l'Inde, d'Homère, d'Hésiode,
d'Apollodore, d'Apulée, de tous les conteurs russes,
hongrois, slaves, turcs, finnois, persans, arabes, de
Grimm, de notre Perrault lui-même. Il faudrait,
pour ne citer qu'une vingtaine d'exemples et les faire
comprendre, plus de vingt de ces chapitres. Tout ce
que nous pouvons dire ici, c'est que, sous l'immense
variété des mythes animaux, on retrouve toujours les
mêmes personnages fondamentaux, le soleil, la lune,
l'aurore, les vents, les nuées, les deux crépuscules ou
açwins, les trois frères qui correspondent à trois états
du soleil, les musiciens célestes, les nymphes de l'air
et des eaux, tour à tour habillés de peaux de bœuf,
de génisse, de mulet, voire d'âne, de bélier et de
bouc, hérissés des soies du porc et du sanglier, des
dards du porc-épic, déguisés en chiens, en loups, en

renards, en chats-bottés et chattes blanches, en souris et en éléphants, en lièvres et en hermines, en singes, en ours, lions, tigres et panthères; que sais-je encore? frétillants sous l'écaille de la carpe et de la perche, engourdis dans l'armure du crabe ou la carapace de la tortue, crocodiles bien endentés, baleines monstrueuses et serpents de mer infinis; tantôt aigles, vautours, éperviers et faucons, tantôt humbles gallinacés, canards, oies, cygnes, coucous, geais ou perroquets; parfois réduits à la taille des insectes, fourmis avares, cigales imprévoyantes, mouches du coche, abeilles industrieuses, détestables moustiques. Et à travers toute cette ménagerie passent et chevauchent des princesses à robes couleur de temps, des princes charmants, des bergers innocemment incestueux, des chevaliers armés en guerre, Sifrit et Sigurd, Percival et Lohengrin, Astolphe, Roland, Renaud, tous fabuleux et tous fées, parmi des forêts enchantées, à l'ombre d'arbres vivants, lançant à chaque parole des perles ou des crapauds, munis de talismans invincibles, acteurs magnifiques ou misérables, rusés ou niais, de l'éternelle féerie commencée avant l'histoire par la métaphore et l'anthropomorphisme, et dont la mythologie comparée démonte aujourd'hui les machines et dévoile les mystères.

Tel est, dans ses traits principaux, le vaste monde factice, créé de toutes pièces, à côté du réel, par les nécessités du langage naissant, la curiosité et l'ignorance humaines, l'inconscience de la métaphore et l'ingéniosité du symbolisme. Il était constitué, peuplé et ensemencé longtemps avant l'existence indépendante des races et des langues qui ont civilisé l'Asie antérieure et l'Europe. Toutes les superstitions, toutes les religions pouvaient s'y développer à l'aise, ce qu'elles n'ont pas manqué de faire; mais, non contentes de leur domaine idéal, elles ont envahi le sol de la réalité, fait irruption dans l'histoire, troublant la science dans sa marche, berçant les enfants et les femmes de leurs mensonges vainement consolateurs, dominant les hommes eux-mêmes, faussant la pensée.

Tout le problème religieux, en effet, est contenu dans la mythologie comparée. Vainement M. Max Müller se plaît-il à supposer que la racine *die*, briller, a pu être, dès le principe, appliquée à la fois à la lumière du ciel et à une sorte d'idée innée de l'essence divine. Le fait est que rien, dans les textes les plus anciens, rien dans l'organisme du langage et de la pensée, n'autorise cette hypothèse. Les racines nous rendent exactement compte des premières impressions de l'homme; or, dans aucune langue parvenue à l'expression de l'idée de Dieu, il n'a existé de racine pure et une désignant la personnalité, l'unité divine. Cette abstraction n'était donc ni présente ni inhérente à la pensée primitive; elle ne s'est formulée que par dérivation, par tâtonnements, et comme un caractère commun et général appartenant aux phénomènes extérieurs doués par l'homme d'une conscience et d'une volonté humaines, d'une forme humaine ou animale.

Les réserves de M. Max Müller, reproduites à satiété dans ses *Leçons sur la Science du Langage* et dans ses récents *Essais sur l'Histoire des Religions* (in-8º Didier, traduction Harris), sont donc au plus haut point extra-scientifiques. Nous regrettons d'avoir à constater qu'elles se sont accentuées à mesure que M. Max Müller entrait en communication plus intime et plus directe avec son public anglais, à mesure qu'il s'élevait dans la hiérarchie officielle d'un pays ou la science même des Darwin et des Tyndall est contrainte à endosser la livrée de l'hypocrisie biblique et puritaine, souvent plus intolérable que le dogmatisme ultramontain. Le premier devoir de la science est de ne pas croire.

Sans donc tenir compte des croyances de M. Max Müller, nous résumerons les résultats acquis par la science qu'il a contribué à fonder.

Il y a eu, pour la race indo-européenne, une période anté-historique, dont le Rig-Véda semble marquer la fin, où les diverses combinaisons métaphoriques, artifices nécessaires du langage, étaient transparentes encore, où les mythes n'étaient que la représentation, neutre, pour ainsi dire, des sensations perçues en présence des phénomènes célestes et terrestres, où Dyaus était tout ce qui brille : le jour, le soleil, les astres, l'aurore, le ciel, où Prithivî était ce qui est large et solide, la terre. Puis, l'alternance de l'obscurité et de la lumière, comparée à ce qui se passait dans la vie guerrière des tribus pastorales, a suggéré l'idée d'un combat entre des héros et des monstres pour la conquête de vastes troupeaux. Ces héros et ces monstres sont devenus des êtres puissants, bons et mauvais, dont il était utile de se concilier la faveur ou de détourner la colère. Les dieux propices, dont le caractère commun était la force victorieuse et la bonté envers les hommes, furent adorés, les autres maudits.

La découverte du feu, l'assimilation de la flamme, *agni (ignis)* et de la lumière céleste, l'élévation d'Agni au rang de dieu intercesseur, la confusion naturelle entre la vie, principe de la pensée, et la chaleur solaire, en créant le culte, fondèrent la religion. La commémoration de la découverte du feu, sa production journalière par le frottement d'un bâton dans un bloc de bois, se trouva être l'acte saint par excellence, et renfermer l'entière conception du monde et de l'homme. *Sôma*, la liqueur jetée dans le brasier, devint adéquat à la divinité même ; puis la prière, *Brahman*, qui accompagnait le feu, évoquant, créant, pour ainsi dire, tous les dieux, prit à son tour le rang suprême. Le sacrificateur, faiseur de dieux, tint dès lors la clé des cieux, qui lui ouvrit tous les trésors terrestres. La parabole est claire, et nous la livrons aux méditations du lecteur.

LES ANIMAUX SYMBOLIQUES.

Les animaux, ces machines dédaignées par Descartes, défendues par La Fontaine, élevées enfin par la science moderne à la dignité de personnes vivantes et intelligentes, ont joué un rôle capital dans la destinée humaine. Ce sont nos éternels créanciers; ils nous doivent peu et nous leur devons tout, la vie d'abord, et, ce qu'on oublie trop, une foule d'exemples et d'idées. Le chien, le bœuf, le cheval, le mouton, le porc (d'Épicure et de saint Antoine), un grand nombre de poissons et d'oiseaux ont été les compagnons, souvent les victimes et toujours les instruments, de notre grandeur. Comme notre corps, notre intelligence s'en est nourrie. Notre langage est plein de nuances empruntées à leur forme, à leurs aptitudes, à leurs services et à leurs mœurs. Si nous les avons asservis, ils ont été nos rivaux, parfois nos vainqueurs, dans la lutte pour la vie. Il fut un temps où ils étaient l'objet

unique de nos craintes, de nos espérances, de nos
pensées. Quand on a décrit leurs espèces, disséqué et
reconstruit leur squelette et leur musculature, quand
on les a retournés en tout sens, au point de vue de la
zoologie, de l'économie sociale et de la statistique, il
s'en faut qu'on ait retracé toute leur histoire. Ils ne
sont point revendiqués seulement par la science : les
philosophies, les religions, les arts, ne se sont point
passés d'eux. Les animaux ne vivent pas seulement
dans la nature; ils ont vécu et vivent encore dans
l'humanité, en statues, en idées, en symboles. A côté
de leur histoire réelle, qui tous les jours se complète,
il y a leur histoire idéale. C'est tout un livre à faire,
livre magnifique, séduisant, digne de tenter les esprits
les plus déliés et les artistes les plus savants. De ce
livre, on trouverait çà et là des fragments tout faits,
chez les naturalistes, les historiens et les philologues;
mais on ne les a pas réunis encore. Nous voudrions,
dans les quelques pages qui vont suivre, ébaucher
l'introduction et montrer l'intérêt de ce vaste ouvrage.

Commençons, si vous voulez, par le bœuf.

Entre toutes les familles animales, il n'en est pas qui
soit plus mêlée à la vie humaine que la race bovine.
Nos ancêtres intellectuels, les Aryas de la haute Asie,
n'avaient pas de plus riches trésors que leurs troupeaux; ils combattaient pour un pâturage ou pour un
taureau. « Personne, dit le chantre védique, ne raille
ceux qui furent nos pères, qui combattirent parmi les

vaches. Indra-le-Puissant est leur défenseur. » Chez eux, le guerrier est « celui qui lutte pour les vaches; » le roi n'a pas de nom plus noble que *gôpa*, bouvier; la fille est « celle qui trait » *(douhitar)*, et les langues dérivées lui ont conservé ce titre sans en connaître le sens (en grec, *thugatèr*; en allemand, *tochter*; en anglais, *daughter*). Le latin nous présente un fait analogue : *juvencus* et *juvenca* signifient à la fois jeune homme et taureau, génisse et jeune fille. Bientôt les Aryas appelèrent taureau et vache tout être fort et toute chose féconde : Indra, le dieux lumineux, est un taureau brillant que le Ciel et la Terre ont formé pour être un modèle de force; l'Aurore est une génisse éclatante. Il est peu d'hymnes védiques où ne se retrouvent « la mamelle de la nue » et « les vaches célestes, mères de la foudre et filles des vents. » La substance qui a tout enfanté *(Aditi)* est la vache par excellence; un même mot : *mahî*, signifie la vache et la terre (la grande). Dans le dorique *gâ*, terre, il est difficile de ne pas reconnaître le sanscrit *gâu*, nom générique du bœuf et de la vache.

Les peuples sémitiques ont aussi tenu la race bovine en haute estime : leur divinité solaire, Moloch, a une tête de taureau; les Juifs adorèrent le veau d'or; Joseph expliqua le songe fameux des sept vaches grasses et des sept vaches maigres.

L'Égypte, plus qu'aucun autre pays, a honoré et adoré la figure symbolique du bœuf : est-il besoin de rappeler ici le fameux Apis, qui avait à Memphis

deux étables saintes, où Cambyse osa entrer pour le
battre ? Onuphis et Mnévis, vivants emblèmes d'Osiris
ou de Phré, génies lumineux ? Hator, déesse de la
fécondité, a des oreilles et des cornes de génisse, et
une analogie enfantine lui donne pour diadème le
croissant de la lune. Isis a une pareille coiffure ; toutes
deux revêtent aussi la figure entière d'une génisse.
Hérodote raconte à ce propos que le pharaon Mycé-
rinus, quatre mille ans environ avant notre ère, ense-
velit sa fille dans une vache dorée, vêtue d'une
housse de pourpre, couronnée du disque solaire.
L'historien l'a vue et nous la décrit. Tous les ans
une fois, le cercueil divin était promené en grande
pompe. C'est peut-être cette innocente vache qui
a donné au fameux Busiris l'idée de son taureau
d'airain.

Dans la mythologie grecque, où sont fondues les
traditions indiennes et les légendes de l'Égypte, Jupiter se fait taureau pour enlever Europe (Vasuroûpâ,
celle qui a une belle forme) ; Io, sœur d'Isis, est mé-
tamorphosée en génisse ; le croissant de Diane est le
diadème cornu de Hator ; Junon *Boôpis* a des yeux
de vache, ces yeux grands et doux, pleins d'un calme
mystérieux, qui regardent vaguement quelque part.
Le taureau est admis dans le ciel parmi les constel-
lations. Mercure vole les bœufs d'Apollon ; Apollon
lui-même a gardé les troupeaux d'Admète ; Cacus
dérobe les vaches amenées d'Ibérie par Hercule. Sous
ces fables, très-défigurées ou très-embellies, à peu

près incompréhensibles dans leurs détails, on entrevoit des lambeaux védiques, on devine un écho des luttes engagées entre les dieux lumineux et les nuages, qui, à la façon des troupeaux, sont errants dans l'étendue *(gavas,* en sanscrit, veut dire errants et bœufs; latin, *boves).* Homère, attribuant à de simples mortels les aventures des dieux et des demi-dieux, nous fait voir « les belles vaches au large front, les troupeaux d'Hélios-Hypérion, les bœufs du dieu lumineux, du Soleil qui voit et entend tout, » dérobés et tués par les compagnons d'Ulysse.

Enfin, la mythologie chrétienne, qui a pris de droite et de gauche, sans y rien comprendre, les éléments de sa pauvre symbolique, a reçu d'Assyrie, par l'intermédiaire de la Bible, tout un troupeau de grands bœufs ailés, à tête humaine, dont elle peuple son vague paradis. Ces pendants du Minotaure se nomment Chérubins; ils sont devenus des anges et, ce qui vaut mieux, grâce à Beaumarchais, des garçons d'esprit. N'oublions pas le bon bœuf de la crèche, qui regarde saint Joseph d'un œil doux, et qu'un évangéliste a emmené au ciel pour fraterniser avec l'ange, l'aigle et le lion de ses confrères.

Après les bœufs, les moutons. Rappelons-nous que, dans ce précieux animal, il n'est rien qui ne serve à l'homme. La succulence de sa chair chatouille et exhilare, disait Brillat-Savarin, nos papilles gustatives. Sa graisse, sous un assez vilain nom, nous éclaire; ses os polissent le marbre; ses intestins, pré-

parés en cordes, résonnent sous l'archet et interprètent les mélodies les plus suaves. Les lettres lui doivent l'églogue et la pastorale. Dans les plaines de la
Chaldée et de l'Arabie, les moutons voyagent par
troupes immenses, entraînant à leur suite vers de
nouveaux pâturages les bergers, les patriarches; ils
dispensent les nomades du travail de la terre et leur
laissent le temps d'étudier le ciel. Aussi, les antiques
astronomes, par reconnaissance, ont-il placé le bélier
parmi les signes du zodiaque. C'est le mouton qui conduit Abraham jusqu'en Égypte; car, sans lui, Abraham,
contraint de semer pour se nourrir, serait demeuré
sédentaire; le mouton n'est donc pas étranger aux
fabuleuses et fâcheuses aventures de Sarah et du roi
d'Égypte, au séjour des Hébreux en Gessé, à toutes
les plaies que Moïse a étendues avec tant de profusion
sur le pays qui avait donné asile à ses ancêtres. Ainsi,
le mouton, sans qu'on s'en doute, est un des acteurs
principaux, un des pivots, dirait Fourier, de ce qu'on
nomme l'Histoire sainte. Au reste, qui peut contester
son influence sur le sort des nations? Ces bêtes si
timides n'ont pas été pour l'homme une facile conquête. Lorsqu'un chien étranger s'approche d'elles,
voyez-les se ranger en bataille, frapper du pied la
terre, et marcher en avant d'un pas de plus en plus
rapide. Nous rions aujourd'hui de ces velléités belli-
queuses; mais il faut y reconnaître un reste du caractère primitif et un souvenir de la vigueur native.
Comme les buffles, les brebis devaient marcher tête

baissée contre l'ennemi, et enfoncer tous les obstacles ; elles joignaient la ténacité à la furie. Le bélier n'a-t-il pas donné son nom à une machine de siége ? N'a-t-il pas, au temps de la guerre de Troie, sauvé Ulysse et ses compagnons dans l'antre de Polyphème ? Homère pouvait aussi bien choisir des taureaux et des génisses ; mais il a pensé que le bélier était assez robuste pour porter un homme attaché sous son ventre. La mythologie égyptienne a fait du bélier l'emblème de la force, la figure du dieu suprême. Ammon est un sphinx *criocéphale,* au corps de lion et à la tête de bélier ; entre ses cornes rayonne le disque du soleil. Il est vrai que l'Égypte possède encore une race de béliers magnifiques, gros comme des ânes, et qui ont pu, dans les temps antiques, mériter des autels. Les Grecs ont vu Jupiter se déguiser en mouton pour fuir en Égypte, et une Toison d'or traverser l'Hellespont sur le dos d'un bélier.

Le christianisme, enfin, ne pouvait manquer de sourire aux moutons, emblèmes d'une docilité par trop innocente (qu'en penses-tu, Panurge ?) et perpétuel sujet de paraboles qui ont habitué l'homme à se considérer comme un bétail conduit et exploité par des bergers, non sans chiens. Aussi, l'adoption de l'agneau comme symbole de la divinité renversa-t-elle toutes les analogies : il n'y a aucune parenté entre le pasteur et le troupeau ; l'un ne peut représenter l'autre. De plus, les qualités intellectuelles de l'agneau ne sont guère en rapport avec l'idée qu'on doit se faire d'une

divinité créatrice, d'un grand architecte de l'univers.
Ce n'est certes pas un agneau qui eût, tant bien que
mal, semé dans l'espace les astres et les planètes,
construit les organismes et le cerveau de l'homme.
Pauvre petit animal ! Il ne voit pas plus loin que son
nez et que son herbe ! Mais, que voulez-vous ? Le
christianisme est affaire d'enthousiasme et d'extase,
non de sens commun ; tout simplement, il s'est sou-
venu de l'agneau pascal, qui avait une certaine importance dans la vie juive ; il s'est rappelé que l'agneau
revient sans cesse dans les paroles attribuées à Jésus ;
que, dans la communion, c'est la chair et le sang de
Dieu, c'est Dieu même qui est absorbé par le fidèle,
comme l'agneau par les convives de la Pâque. Tout
cela s'est confondu, amalgamé en un mythe incohérent, et voilà comment la religion du Christ, peu de
temps après, s'appelait culte et doctrine de l'agneau :
comme deux dynasties, en Perse, se sont appelées le
mouton noir et le mouton blanc. A cela nous ne
voyons aucun mal ; mais n'y a-t-il pas là de quoi
inspirer aux chrétiens une certaine modestie ? Leur
symbolisme a-t-il le droit de railler celui des Grecs
ou des Égyptiens ? Qu'est leur mythologie bizarre à
côté de celles des anciens, fondées sur des observations naïves et vraies, sur les traditions de l'humanité,
et développées par des esprits logiques ou poétiques
en légendes immortelles ? En ce qui touche à l'art, à la
philosophie, à la science même, le christianisme, il faut
bien se l'avouer, n'est que barbarie si on le compare

aux religions antiques, dont il s'est fait si souvent le copiste et, malheureusement pour lui, le détracteur.

Comme le bœuf et le mouton, leurs congénères, le bouc, la chèvre et le cerf, pour en finir avec les ruminants, ont tenu quelque place dans la pensée humaine, et reçu des honneurs qui ne dépassent pas leur mérite. Avancez, les Sylvains, les Satyres, et toi, Pan le berger, frère de la Palès latine, toi dont une confusion verbale a fait, aux environs de notre ère, le plus grand des dieux, le nom du Grand tout, rival longtemps heureux de l'étroit monothéisme sémitique, immortel *malin*, dont le pied fourchu se trémoussait dans les sabbats du moyen-âge, ô bouc sublime ! qui, de tes cornes aiguës, a déchiré les ténèbres de dix siècles et rouvert enfin l'esprit humain aux rayons de la Renaissance ! Quel monde de pensées évoquent ta barbe pointue, ton nez camus, tes yeux bridés si narquois, ta syringe et tes pattes capricantes ! L'amour, la grandeur et la force respirent dans ta libre allure, dans cette marche alerte, allègre, qui ne trébuche pas et qu'anime seulement l'ivresse profonde de la nature vivante ! Mandou-Ra ou Mendès, le bouc sacré, le dieu du plaisir et de la fécondité, n'est, pas plus que l'arcadien Pan, indigne des méditations et des respects du sage. Souvenons-nous que les Égyptiens le prenaient au sérieux ; ne point le confondre avec le malheureux bouc émissaire, chargé des péchés de tout un peuple et qui servait aux Hébreux de confession, de contrition et d'absolution. Celui-ci, je l'abandonne à Voltaire, mais je range l'autre parmi les imaginations logiques de religions artistes.

La symbolique religieuse ne s'est pas autant inspirée du cerf que du bélier et du bouc : ni l'Égypte ni la Grèce n'ont adoré le cerf; toutefois, il n'a pas toujours été rabaissé au rôle d'attribut de salle à manger. Témoin ce beau cerf blessé par Iule, cerf apprivoisé, aimé par une jeune fille du nom de Sylvie, et dont la malheureuse aventure ouvrit la guerre entre Énée et les Rutules. Témoin la biche du Ménale, aux pieds d'airain, aux cornes d'or, qu'Hercule poursuivit une année entière. Le malicieux Eurysthée avait trouvé pour son frère la plus dure des épreuves. Le héros était plus fort qu'agile. Hercule en fut réduit à blesser d'une flèche la biche aux pieds d'airain; et, bien qu'il l'eût prise vivante, son tyran l'accusa de supercherie et refusa de compter cette victoire au nombre des douze travaux. La biche du Ménale avait quatre sœurs qui formaient l'attelage de Diane; elle seule avait échappé à la déesse. Le cerf a été le compagnon favori de Diane. On peut dire qu'il a partagé ses autels; sur les médaillons antiques, il indique Éphèse et les autres villes consacrées à Diane. Pour les chrétiens, ces paroles du Psalmiste : « Comme le cerf désire la source, ainsi mon âme désire Dieu, » ont donné à la figure du cerf un sens mystérieux; le *Cerf à la fontaine* devint l'emblème du baptême. Le moyen-âge en fit l'ennemi du serpent, le représentant du Christ; c'est ainsi que, dans la vision de saint

Hubert, évêque chasseur du viie siècle, le cerf porte au-dessus de son front une croix ou une auréole ainsi que les béliers d'Égypte portaient entre leurs cornes le disque du soleil.

Si nous passons au cheval, de nombreuses légendes entourent son entrée au service de l'homme. Qui ne connaît les Centaures, hommes chevaux, puissants cavaliers et maîtres de tous les secrets, dont la rapidité de leur monture leur facilitait la découverte. L'Inde avait ses centaures, compagnons du soleil; ils avaient un corps humain et une tête de cheval; nul doute qu'il ne faille voir en ces *Gandharvas* le prototype grossier de l'élégant centaure. Quant aux aptitudes médicales des centaures, on les rapporte à leur origine solaire; elles leur appartiennent au même titre qu'à Apollon, qu'à Esculape. Faut-il voir dans le nom fameux Hippocrate (dompteur de chevaux) une allusion ou une prédestination à la science médicale, considérée symboliquement? En tout cas, l'idée nous en vient, et peut être indiquée au passage. Le cheval, pour les Indiens, fut l'emblème noble du soleil, ce coursier des cieux; on dit qu'il parut le plus digne, après l'homme, d'être consacré au dieu dont il était l'image, et que le fameux *açva-médha*, sacrifice du cheval, remplaça les sacrifices humains. Les Grecs attribuèrent le don du cheval à Neptune, comme ils avaient fait naître la Beauté de l'écume des eaux. Les *Mille et une Nuits* semblent avoir gardé les traces d'une pareille superstition chez les peuples de l'Orient. Sindbad ne rencontre-t-il pas les cavales du roi Mirage *(Maha radja)* liées sur le rivage pour être fécondées par des chevaux marins?

Que d'autres animaux utiles ou hostiles à l'homme ont contribué à la conception des dieux! Le chacal est Anubis, dieu funèbre; le cynocéphale, Tôt; le crocodile, Sévek-ra; l'hippopotame, Typhon. Le serpent Uræus à la gorge enflée, la grenouille (pourquoi?) sont des représentants d'Ammon. Le scarabée symbolise l'immortalité. Tous les oiseaux se jouent, s'entrelacent, imbriquent leurs plumes, échangent leurs becs, pour composer les coiffures sans nombre des déesses, édifices quelquefois plus hauts que l'échafaudage capillaire de Marie-Antoinette. Ce ne sont que pintades, éperviers, vautours, ibis; nous en sommes réduits à deviner le sens de ces hiéroglyphes de l'art; mais on peut croire que chaque bête sacrée avait sa légende, comme Cycnus, comme le corbeau, le pigeon d'Aphrodite, le paon de Junon et les oies du Capitole.

Un livre charmant par la conviction de l'auteur, par les renseignements choisis et nombreux, par les curieux dessins empruntés à des collections précieuses ou à des œuvres célèbres, nous permet d'ajouter à cette liste des animaux symboliques les chats, aimés de Baudelaire et de M. Champfleury (1).

---

(1) CHAMPFLEURY, *les Chats*, histoire, mœurs, observations, anecdotes, illustrés de 52 dessins, par Mind, Delacroix, Manet, etc. (Rotschild, éditeur, 43, rue Saint-André-des-Arts.)

La gloire des chats est intimement liée aux destinées de l'Égypte. Partout ailleurs, ils ont place au
foyer, ils amusent les enfants, distraient les grandes
personnes; ce sont des animaux choyés; là, c'étaient
des dieux. Chatte ou lionne, la déesse Pacht, patronne
du nôme de Bubastis, parcourait les cieux nocturnes,
assise sur le disque lunaire, présidant aux voluptés
chastes ou libertines qui se dérobent au jour, donnant je ne sais quelle sérénité digne de Diane, sa
sœur, à sa propre figure de Vénus féline. Voici ce que
M. Champfleury a recueilli sur la divinisation du chat :

« Le chat paraît avoir été acclimaté en Égypte en
même temps que le cheval, c'est-à-dire au commencement du nouvel empire (après les Hyksos), vers
1668 avant Jésus-Christ. C'est à ce moment qu'on
voit, dans les peintures murales des hypogées, le chat
quelquefois représenté sous le fauteuil de la maîtresse
de la maison, place qu'occupent aussi les chiens et les
singes. Un des monuments les plus anciens relatifs à
cet animal existe dans la nécropole de Thèbes, ren-
fermant le tombeau de Hana, sur la stèle duquel
se tient debout la statue de ce roi, ayant entre ses pieds
son chat Bouhaky. (Antérieur à la XXᵉ dynastie.)

« Au milieu des figurines en bronze ou en terre
émaillée de nos musées, on remarque souvent un chat
accroupi portant gravé sur son collier l'œil symbolique, emblème du soleil. Les oreilles percées de l'animal étaient en ce cas ornées de bijoux en or. Le chat
est également représenté sur quelques médailles du

nôme de Bubastis, où la déesse Bast (ou Pascht) prend
d'habitude la tête d'une chatte et porte dans sa main
le sistre, symbole de l'harmonie du monde.

« Les chats qui de leur vivant avaient été honorés
dans le temple de Pascht, comme image de cette déesse,
étaient, après leur mort, embaumés et ensevelis avec
pompe. Diverses statues funéraires de femmes portent
l'inscription Tenau, la chatte, en signe de patronage
de Bast. Quelques hommes, aujourd'hui, appellent leurs
femmes ma chatte, sans arrière-idée hiératique. Certaines momies de chats, trouvées dans des cercueils
en bois, à Bubastis, à Spéos-Artémidos, à Thèbes et
ailleurs (Béni-Hassan), avaient le visage peint. Curieuses momies qui, dans leur amaigrissement et leur
allongement, semblent des bouteilles de vin précieux
entourées de tresses de feuilles! Ceci fut un chat
alerte, on ne s'en douterait pas; vénéré, les bande-
lettes et les onguents le prouvent. Toutefois, le symbolisme du chat reste encore entouré de mystères,
tant à cause des récits d'Horapollon que de ceux de
Plutarque, ces historiens ayant admis des légendes
contradictoires. » Toujours est-il que le chat n'est pas
oublié dans le Rituel funéraire, d'où sont extraites
ces paroles énigmatiques :

« Je suis ce grand chat qui était à l'allée du Perséa
dans An, dans la nuit du grand combat; celui qui
a gardé les impies dans le jour où les ennemis du
Seigneur universel ont été écrasés! Ce grand chat,
c'est Ra (Phré) lui-même. On l'a nommé chat, en pa-

roles allégoriques; c'est d'après ce qu'il a fait qu'on lui a donné le nom de chat. »

Nous sommes heureux de voir que les textes ne manquent pas à M. Champfleury pour restaurer la religion du chat. Il s'est, au grand plaisir du lecteur, constitué le défenseur de maître Mitis, qui se défend fort bien lui-même et qui n'est nullement embarrassé de sa personne. Rodilard, Raminagrobis, Minet, le Chat botté, toute la dynastie, ne demandent pour autels que les chenets de leurs pères, et pour hécatombes qu'une bonne pâtée saupoudrée de petits os. C'est pour leur plaisir, sachez-le, qu'ils se font ou se laissent caresser. Mais nous blasphémons ! M. Champfleury ne nous pardonnerait pas, si nous ne prenions parti avec lui contre le féroce M. Toussenel, qui n'hésite pas à tirer sur les chats en maraude. Vraiment, M. Toussenel oublie que les chats furent dieux, ou bien l'analogie le rend cruel !

Allons, ce livre a fort bonne grâce, et nous le remercions d'avoir fourni une conclusion familière à un travail un peu technique. Quand nous parlerons désormais de religion, nous ne manquerons pas de dire : « Du temps que les chats étaient dieux... » Bon début de conte de fées !

LA MYTHOLOGIE POPULAIRE.

Un caractère commun à toutes les fictions religieuses connues, c'est l'adoration, le culte des animaux. Entraîné par sa propre nature à voir dans les divers accidents du spectacle universel des effets de volontés analogues à la sienne, l'homme a dû répartir entre les personnages créés par son illusion toutes les facultés, toutes les énergies, toutes les formes vivantes. Il a transporté dans le ciel avec lui-même tout ce qui se mêlait à sa vie: ses ennemis, ses compagnons, ses sujets. Encore voisin des luttes premières, il se distinguait moins des êtres qu'il avait vaincus naguère ou qui continuaient de braver son empire. Le puissant dédain du maître n'était pas encore entré dans son cœur, car le règne humain commençant se dégageait à peine du règne animal. Le taureau, le cheval, le lion, le chien, les bêtes sauvages et les bêtes domestiques le remplissaient encore d'admira-

tion, de crainte ou de curiosité. La force des uns, la
ruse, l'agilité, les passions des autres, lui paraissaient
égales ou supérieures aux qualités de même ordre
qu'il pouvait déployer. Il ne croyait pas faire outrage
à ses dieux en leur prêtant, aussi bien que la vigueur
du héros ou la grâce de la femme, la corne du bœuf
ou du bélier, l'aile de l'oiseau, la souplesse du serpent, l'éclat des crinières, des écailles et des pluma-
ges. De là ces figures hybrides du panthéon égyptien,
ces monstres de la Chine, de l'Assyrie et de l'Inde;
de là ces chérubins de l'arche, ces centaures de Thessalie, ces chimères de la nue et ces chiens des enfers.

La mythologie zoologique des peuples âryens ou
âryanisés se rencontre souvent avec celle des autres
races; grâce à une supériorité ethnique peu contestable, elle a, soit englobé, soit inspiré les mythes et
les fictions dont nos religions modernes demeurent
tributaires. C'est ce qui fait l'intérêt capital de ces
légendes sur lesquelles ont travaillé, depuis des milliers d'ans, l'imagination et la crédulité des Indiens
et des Perses, des Grecs et des Latins, des Germains,
des Gaulois et des Slaves, fables dont la commune
origine est attestée par le plus ancien monument
littéraire de nos races, par les *Védas*.

Un jeune savant italien, M. Angelo de Gubernatis,
professeur de sanscrit à l'Institut supérieur de Florence, a conçu le projet grandiose de classer et d'expliquer toutes les fictions où les animaux se trouvent
mêlés, et d'en suivre les dernières ramifications, les

plus minces vestiges, jusque dans les contes des fées (1) et les proverbes ou expressions populaires. Son ouvrage, qui a paru d'abord en anglais, n'est pas inconnu de nos lecteurs; par deux fois déjà, nous le leur avons signalé. Une traduction française, qui le met désormais à la portée de tous, nous fournit l'occasion d'y revenir un peu moins sommairement (2), et avec d'autant plus de plaisir qu'elle fait sortir de l'ombre le nom d'un de nos orientalistes les plus méritants. M. Paul Regnaud, qui a su rendre avec tant de fidélité et de compétence la pensée parfois subtile d'un Italien écrivant en anglais, est le fils de ses œuvres; soutenu par une véritable vocation, au milieu de travaux totalement étrangers à la philologie, il a, presque sans maître, avec une longue et admirable persévérance, appris les langues classiques, l'allemand, l'anglais, l'italien, et enfin le sanscrit, dont il aborde en ce moment les textes les plus difficiles (3). Pour avoir été moins brillants et moins

---

(1) Voir à ce sujet l'Essai mythologique placé par M. André Lefèvre en tête d'une nouvelle édition des *Contes de Perrault* (collection Jannet-Picard, chez Lemerre, in-16).

(2) *Mythologie zoologique* ou *les Légendes animales*, par Angelo de Gubernatis, traduit de l'anglais par Paul Regnaud, avec *Notice*, de M. F. Baudry, 2 vol. in-8°, Paris, Pedone-Lauriel, 9, rue Cujas, 1874. Nous avons déjà signalé le texte anglais, qui est l'édition originale. L'auteur avait apparemment trouvé pour son livre en Angleterre une hospitalité que lui refusait sa patrie.

(3) *Les Centuries de Bhartrihari* (E. Leroux).

8*

rapides que ceux de M. de Gubernatis, les débuts de
ce grand travailleur n'en sont que plus dignes encore
d'estime et d'encouragement.

Dans une importante *Notice préliminaire*, M. Fré-
déric Baudry, qui ne nous fait pas jouir assez souvent de sa science et de sa sagacité, a rendu hommage à l'exubérante jeunesse de M. de Gubernatis,
à la fois et tour à tour poëte, romancier, homme politique, indianiste consommé à l'âge où la plupart de
ses émules étaient encore sur les bancs. Venant au
livre qu'il s'est chargé de présenter au public, il en
résume avec netteté les conclusions, il en détermine
la valeur scientifique. Ses explications sont de nature
à toucher, à convaincre les esprits encore rebelles aux
procédés et aux résultats de la mythologie comparée.

Les singulières coïncidences des mythes, aussi bien
dans leurs particularités que dans leur sens général,
paraissent à beaucoup de personnes instruites et sérieuses un effet de l'unité intellectuelle du genre
humain. Pourquoi, disent-elles, l'homme, parvenu à
un certain degré de développement, n'aurait-il pas,
en tout lieu, conçu d'une façon analogue, à l'aide de
comparaisons et de métaphores pareilles, les phénomènes partout semblables, les aspects et les forces de
la nature? N'est-ce pas ce qui s'est produit, par
exemple, en Égypte, dans l'Inde, en Chine, en Amérique, chez des peuples dont les civilisations se sont
faites à part, et qui, tous, sans se rien emprunter, ont
construit une mythologie animale? Et leur opinion

est d'autant plus tenace qu'elle croit s'appuyer sur le raisonnement. Mais la mythologie nouvelle se fonde sur des faits linguistiques et littéraires, qui n'ont rien à voir avec l'*à priori* métaphysique.

Les conditions d'isolement, de spontanéité, que l'on peut concéder à l'Égypte, à la Chine, au Mexique, n'existèrent point pour les races qui peuplent l'Europe et une partie de l'Asie; du moins, l'histoire n'a retrouvé chez elles aucune trace appréciable de langages et de religions autochthones. Toutes, à une époque reculée, ont été transformées par le génie d'envahisseurs que nous nommons Aryens. Toutes parlent encore des langues, conservent des idées, non-seulement analogues, mais qui ne peuvent s'expliquer que les unes par les autres, et dont les éléments, parfois même le développement tout entier, existaient avant la séparation des idiomes. L'organisme âryen n'a pu se constituer que dans une longue période de vie commune, avant qu'il y eût des Indiens et des Perses, des Germains et des Slaves, des Hellènes, des Latins et des Gaulois, qui, tous, l'ont emporté avec eux. Et, en effet, la formation d'un nom ou d'un verbe, avec sa racine, son thème, ses suffixes, ses désinences, qui ne sont que des racines atrophiées, suppose au moins cinq ou six étapes deux ou trois fois séculaires, des milliers d'ans de travail instinctif. Or, ces noms et ces verbes, nécessairement élaborés en commun, sont aujourd'hui répandus, encore reconnaissables, de l'Himalaya aux Andes. Quand nous les rencontrons dans l'une et l'autre Amérique, nous savons qui les y a portés. Ce que les Anglais, les Français, les Espagnols ont été pour le Nouveau-Monde, les Aryas, indubitablement, l'ont été pour l'Ancien.

Les personnifications des phénomènes extérieurs, efforts du langage naissant pour exprimer les aspects de la réalité, les mythes, confusions de mots et d'idées — ce qui, au fond, est la même chose, car le mot et l'idée sont nés ensemble — toutes les légendes, les fables et les contes ont envahi le monde avec le substantif et le verbe. Comment ces dieux et ces génies auraient-ils partout les mêmes noms, les mêmes attributs, les mêmes aventures, si les peuples àryanisés ne les avaient reçus tout formés ? Que les nations diverses aient brodé sur le fond commun, que les figures, les histoires, les types primitifs aient subi en chemin une foule d'altérations et de mélanges, aient pris des physionomies locales, c'est ce que nul ne songe à contester ; mais il n'en est pas moins certain que les mythes indo-européens, dans leurs linéaments principaux, se montrent déjà constitués à chaque page des *Védas.*

La mythologie comparée a donc un objet légitime et nullement chimérique, des catégories déterminées, des moyens pour atteindre la vérité ; et, pour peu qu'elle reste fidèle à sa propre méthode, ses démonstrations peuvent prétendre à une exactitude rigoureuse, à une autorité scientifique. Cette méthode, le nom même l'indique, est la comparaison des mythes anciens et des mythes plus ou moins altérés, « analysés et rapprochés membre à membre dans leurs éléments respectifs. »

« Les principes généraux qui ont guidé M. de Gubernatis sont solides, dit encore M. Baudry, et doivent être admis. Reste à savoir s'ils ont été bien appliqués. »

M. Baudry est d'autant mieux fondé à poser cette question qu'il a, le premier, réagi contre « les excès du système *Müllérien.* » Selon M. Max Müller, tous les mythes, ou peu s'en faut, se rapportent au Soleil et à l'Aurore ; selon le même, tous les mythes sont nés d'équivoques verbales, et la mythologie est une maladie du langage. Sur le premier point, il n'y a pas de doutes : pour être prédominants dans les Védas, les mythes solaires n'y figurent point seuls ; le feu, le vent, l'orage, les eaux, la terre, la vie et la mort, la famille, les vicissitudes de la vie humaine, réclament aussi leur part dans la vaste épopée fabuleuse ; toutefois, il est juste d'ajouter que leur action est partout intimement liée au grand combat de la lumière et des ténèbres. Quant aux synonymies instinctives, inconscientes, pour ainsi dire, il est certain qu'elles ont joué un rôle capital dans la conception première des dieux et surtout dans le développement ultérieur des mythes. Si le langage n'est pas indispensable à l'éclosion des idées, il l'est à leur expression ; si les impressions sont antérieures aux signes vocaux qui les fixent et les précisent, les confusions d'idées ne peu-

vent se traduire que par des confusions de mots. La
métaphore à laquelle on croit n'est qu'une équivoque
verbale, puisqu'elle roule toujours sur une ou plusieurs qualités communes attribuées par le langage
à des choses ou à des êtres qui ne comportent aucun
rapprochement réel. Mettons que la théorie de Max
Müller, si nettement présentée dans l'*Hercule et
Cacus*, de M. Michel Bréal, soit exclusive et étroite
dans la forme; elle n'en reste pas moins, à nos yeux,
foncièrement vraie.

Quoiqu'il en soit, M. de Gubernatis ne s'est enfermé
dans aucun système. Il n'imagine pas, il se borne à
recueillir, à ordonner, à comparer les faits concor-
dants et innombrables relatifs à l'histoire de la pensée
religieuse et du sentiment populaire dans notre race
« privilégiée. » Qu'il se soit parfois montré trop ingénieux, que, entraîné par le désir de tout expliquer à
fond, il n'ait point assez accordé à l'imagination et à la
spontanéité des divers groupes âryens livrés à eux-
mêmes; ces défauts, presque inévitables, « n'infir-
ment en aucune façon les vérités fondamentales qui
permettent à la mythologie comparée de constituer
une science positive. »

En débrouillant le chaos des légendes animales sur
lesquelles vingt peuples travaillent depuis cinq ou six
mille ans, M. de Gubernatis n'a pas fait seulement
preuve d'une prodigieuse érudition, il a déployé les
qualités qui sont comme la marque du génie latin.
Autant sa matière est complexe, autant son plan est

lumineux et simple. Il a, selon leur importance mystique, abordé tour à tour les animaux de la terre, de l'air et de l'eau, qui ont pris rang dans le monde idéal et fabuleux : tous ces acteurs du drame cosmique, que la métaphore a fait monter au ciel et que la superstition a fait redescendre sur le sol des vivants. Peut-être eût-il dû admettre dans son cadre les végétaux et les objets inanimés, tels que les montagnes, les gouffres, les îles. Mais, quelque jour, il complétera son tableau par une mythologie botanique et géologique. Ce qu'il donne est assez vaste, trop pour nous, puisque nous ne pouvons guère en indiquer que les divisions et l'ordonnance.

Chacun de ses principaux chapitres commence par un dépouillement minutieux des hymnes védiques. Ces chants, composés aux environs du xve siècle avant notre ère, dans un dialecte antique et le plus voisin de la langue âryenne telle qu'elle était au moment de la séparation de nos idiomes, contiennent en germe la plupart des mythes indo-européens. Sous une couleur indienne déjà prononcée, la métaphore y conserve sa transparence et laisse clairement apercevoir l'origine tout artificielle, tout humaine des personnages divins.

Les animaux qui tiennent la plus grande place dans les Védas, ce sont le taureau et la vache, et l'on devait s'y attendre. Principale richesse de nos aïeux, ils s'offraient sans cesse à leur pensée. Toute force douée de virilité est un taureau, toute fécondité est une vache. Toute énergie naissante et qui va grandir est un veau. D'autre part, les puissances mâles, quelles qu'elles soient, lumineuses ou sombres, violentes ou douces, sont propriétaires de troupeaux, défendent, conquièrent des vaches célestes. Enfin, les caprices du langage, en attribuant tour à tour les deux sexes à la plupart des personnifications divines, autorisent le poète à des confusions, à des échanges perpétuels. La lune, au masculin le dieu *Lunus*, est un taureau; au féminin, *Luna*, elle est une génisse, comme Europe, Io, Phœbé. Pareillement, le nuage orageux, le Titan et la nuée féconde, la nymphe, l'*Apsaras*, le vent et la tempête, la foudre et l'éclair, le matin et l'aurore, se dédoublent en taureaux et en vaches. Le sexe dépend du genre grammatical et du point de vue momentané. Ces taureaux qui se combattent, ces vaches, prix de la lutte, sont roux, tachetés ou noirs, selon qu'ils appartiennent à l'armée lumineuse ou aux bandes de l'orage et de la nuit. Le résultat de leurs batailles, de leurs triomphes, de leurs revers, c'est, pour les hommes, la pluie, le feu, la sécheresse, la vie et la mort, autres taureaux, autres vaches encore. Combien de légendes ont dû naître et sont nées, en effet, de ces imaginations flottantes et mobiles! La fable s'est emparée non-seulement de ces taureaux et de ces vaches, de leurs voyages, de leurs actes les plus invraisemblables, mais encore de leur sang, de leur lait, de leurs mamelles, de leurs cornes, de leur peau. Joignez à ces éléments de confusion

leurs perpétuelles métamorphoses en hommes, en chevaux, en serpents, en chiens, voire en arbres et en
montagnes.

Si, de la famille bovine, nous passons aux équidés,
aux divers ruminants, aux porcins, aux digitigrades
et plantigrades, aux pachydermes, aux quadrumanes,
aux félins, aux rongeurs, aux reptiles et aux insectes;
si nous parcourons les tribus sans nombre des oiseaux,
depuis l'aigle jusqu'au roitelet, depuis le vautour jusqu'à la chauve-souris, depuis le cygne jusqu'au corbeau, du paon et du coq et du perroquet jusqu'à la
caille, au pic ou à la chouette, sans oublier les autres
bêtes ailées, le scarabée, l'abeille, le taon et la cigale;
si nous ajoutons au poil, à la plume, à l'élytre, à
l'écaille du poisson et du reptile, le cuir du cétacé, la
carapace du crabe et de la tortue, nous retrouverons
à tous les rangs de cette zoologie fantastique les
mêmes aptitudes métaphoriques, les mêmes métamorphoses subites, les mêmes alliances monstrueuses,
également fécondes en mythes bizarres, en légendes
magnifiques ou honteuses, en incestes innocents, en
atrocités saugrenues. Et, au fond de tout cela, rien :
le travail stérile de la curiosité primitive mâchant à
vide la réalité universelle et n'en extrayant que la
fiction, bulle crevée par la science.

Et durant des siècles, ce rien a été tout. Que de
place ne tient-il pas encore dans la pensée, dans la
destinée humaine ! De ce rien, sur ce rien, ont vécu
toutes les facultés bonnes ou mauvaises, toutes les

activités saines ou morbides, toutes les industries et
tous les arts, le cœur et l'esprit enfin. Sentiment religieux et métaphysique, poésie, architecture, statuaire,
céramique, et aussi les guerres acharnées, les persé-
cutions, les exploits magnanimes et les forfaits sinistres, le bien et le mal, tout s'est produit autour et à
l'occasion de ce rien.

C'est pourquoi nous suivons avec un plaisir mélan-
colique le vol infiniment varié de ces chimères
aériennes, à passions animales sous la forme humaine,
à sentiments humains sous des figures de bêtes, taureaux solaires, génisses du ciel, dragons de l'orage,
loups et ours de la forêt nocturne, oiseaux fulgurants,
vents à trompes d'éléphants, toisons d'or des nuages,
ténébreuses peaux d'ânes dissipées par l'aurore, et
stryges et griffons, et centaures et sphinx, et triples
cerbères, tourbillons de rêves enfantins, qui, des plateaux de l'Asie, ont essaimé sur l'univers, fantômes
sortis du cerveau pour l'opprimer à jamais. Grande,
trop grande part de notre histoire, que nous restitue
M. de Gubernatis !

Après nous avoir fait assister, dans les Védas, à la
naissance des animaux mystiques et symboliques, il
nous les montre partant pour la conquête du monde
avec la race qui les a conçus. Divers est leur destin.
En route, leurs aventures changent, se multiplient,
s'accommodent au génie des peuples. L'Inde les taille
et les peint en monstres hideux, lubriques et grotes-
ques ; l'Iran les appauvrit et les relègue aux rangs

inférieurs; la vieille Italie les dessèche en fétiches informes; la Grèce les pare, les revêt de grandeur et de grâce; les Gaulois, les Germains et les Slaves en exagèrent les aspects sauvages et sombres. La superstition populaire les recueille amoindris, défigurés en goules, en tarasques, en larves, en cortéges démoniaques, tels que les ont faits l'incohérence de la mythologie chrétienne, la bizarre imagination des Russes, des Mongols, des Finnois et les infiltrations sémitiques, égyptiennes, durant l'antiquité et le moyen-âge. Finalement, les religions tournent en contes de fées. Elles ne sont plus que cela pour le vulgaire, qui les pratique par habitude.

Au-dessus de ces contradictions et de ces puérilités plane cependant encore le grand mythe, le mythe fondamental de la lutte éternelle entre le soleil et les nuages, entre la lumière et les ténèbres, entre le bien et le mal, la foi au triomphe définitif du principe fécond, vivifiant, civilisateur, sur les fatalités déplorables, de l'homme divinisé sur la nature domestiquée et asservie. C'est là le véritable idéal âryen poursuivi à travers les âges, voilé, masqué, obscurci par les fictions aimables et les erreurs funestes, mais dont la science des mythologues découvre aujourd'hui la grandeur; cette aspiration instinctive a guidé le monde, et il faut qu'elle se réalise quelque jour. En attendant, il est doux, il est utile d'étudier dans leur forme moderne, trop souvent gâtée par l'intrusion chrétienne, les légendes accessoires qui accompagnent le mythe central et en gardent le reflet ; à côté de la puissante synthèse essayée par M. de Gubernatis, il y a place pour les recueils de contes nationaux, les monographies spéciales, les défrichements partiels d'un champ immense.

Chez nos voisins, Italiens, Anglais, Allemands, Slaves, Russes, Danois, ces travaux abondent ; notre auteur les cite par dizaines. Chez nous, où les traditions merveilleuses ne manquent pas plus qu'ailleurs, des érudits curieux commencent à recueillir dans les campagnes les récits et les superstitions. Ils se gardent de les arranger comme ont fait Perrault, Mme d'Aulnoy et tant d'autres ; ils les donnent tels qu'ils sont tombés de bouches illettrées ou naïves, avec leurs obscurités, leurs enfantillages et leurs nombreuses variantes.

Nous avons sous les yeux des *Contes populaires recueillis en Agénais* (1), par M. Jean-François Bladé. On y trouve, avec des variantes très-originales de Peau-d'Ane et de Cendrillon *(la Gardeuse de dindons)*, avec des circonstances qui sont entrées aussi dans le *Petit Poucet* de notre Perrault, certaines réminiscences très-distinctes des mythes lumineux. Les *Deux Jumeaux* qui, sifflant leurs chiens, vont dans les bois combattre la grand-bête à sept

---

(1) *Traduction française et texte agénais*, suivi de notes comparatives par Reinhold Kœhler. Paris, Joseph Baer et Cie, rue du 4 Septembre, 2.

têtes, pour délivrer la demoiselle, sont des cavaliers célestes, les deux crépuscules luttant contre la nuit pour la lumière. La grand-bête rappelle l'hydre d'Héraclès, le python de Phoibos, le dragon de saint Georges, voire même Barbe-Bleue.

Rien de plus intéressant que *l'Homme aux Dents rouges*, relégué sans trop de motifs parmi les superstitions. C'est évidemment un mythe. Le héros voyageur, l'homme aux dents rouges qui, le matin, quitte sa jeune épouse pour une course mystérieuse et ne revient que le soir, n'est qu'une figure du soleil amant de l'aurore, d'Éros mari de Psyché. C'est encore le temps et par suite la mort. Le beau-frère qui a réussi à le suivre meurt au retour, il a accompli sa journée. Le christianisme, s'emparant de cette légende, y a mêlé le paradis, le purgatoire, la messe du bon dieu et autres hors-d'œuvre pitoyables. Mais la vieille et sublime allégorie transparaît encore.

A *l'Homme aux Dents rouges*, on ne comparera pas sans fruit les quatre contes bretons (1) publiés et annotés par M. F.-M. Luzel, sous ce titre : *la Femme du Soleil. La Fille qui épouse un Mort, l'Épouse du Trépas, le Turc Frimelgus, le Château vert*, sont des formes très-curieuses, très-approchées, de la même fable, l'une des plus familières à l'imagination populaire, puisqu'elle fait le fond du *Plavacyk* des

----

(1) *Revue celtique*, dirigée par H. Gaidoz. Février 1875, Paris, Franck-Vieweg.

Slaves (*Contes* traduits par Chodzko), et de cent autres récits. Le *Château vert* est le mieux conservé de tous. Le mariage du prince Soleil-Levant et de l'Aurore, la princesse endormie, le plus jeune des trois frères partant à la recherche de sa sœur, les ouragans déchaînés, les serpents furieux, la vieille *Aditi* qui alimente le foyer d'où s'élancera le géant céleste, la boule de feu qui roule dans l'étendue, le sombre souterrain et l'étang qu'il faut traverser, le voyage du frère avec l'époux, tout semble ici se réunir pour présenter en raccourci toute la mythologie solaire.

Les contes agénais et bretons sont rapportés par MM. Bladé et Luzel, avec toutes les garanties de la fidélité; ils citent les personnes de qui ils les tiennent, et n'y changent pas un mot. C'est la tradition prise sur le fait.

A l'occasion du récent jubilé de l'Université de Leyde, M. Gaston Paris a réimprimé en un charmant livret son étude sur *le Petit Poucet et la Grande Ourse* (1), déjà parue dans les Mémoires de la Société de linguistique. Les analyses et les conjectures du savant auteur sont trop compliquées et trop délicates pour que nous puissions les résumer ici. Le lecteur en perdrait le fil. Le Petit Poucet dont il s'agit n'est pas celui de Perrault. Notre conteur classique n'a pris

---

(1) In-32, 1875, Paris, Franck-Vieweg, rue Richelieu, 67.

que le nom et le caractère général du héros, et il lui
a fait une histoire nouvelle avec des aventures également mythiques, mais étrangères à la donnée primitive. Le véritable Poucet est le *Daümling* germanique, le *Tom Thumb* anglais, Tom Pouce enfin. Il
n'était pas inconnu en France, et, bien que M. Paris
lui attribue une origine allemande, des versions foré-
ziennes et languedociennes, citées dans son ouvrage,
nous semblent prouver que Perrault eût pu, s'il eût
voulu, écrire un *Petit Poucet* national. Mais plusieurs circonstances saugrenues ou même sales auront
effrayé l'académicien. Poucet est voleur de bœufs, il
se loge dans l'oreille d'une vache: il est avalé et...
restitué par des loups, des renards, des chiens.

Rien de plus incongru. M. Paris explique avec beaucoup de vraisemblance toutes ces vilenies; et Poucet
transfiguré sort de ses mains astre et dieu, conducteur
du char de la Grande Ourse, frère obscur, humble sosie
de cet Hermès dont la malice enfantine excitait le
rire de Zeus, d'Hermès qui, tout petit, vole et cache
les bœufs du Soleil. De toutes les sources allemandes,
danoises, suédoises, anglaises, françaises, tchèques,
russes, albanaises, roumaines et grecques, M. Gaston
Paris a tiré ainsi un type resplendissant, plein de
malice et d'agilité, que nous chercherons le soir dans
la toute petite étoile située près de *Zéta*, postillon
qui aiguillonne les sept grands bœufs du char septentrional.

Pour ne point laisser sans conclusion cette étude,

qui commence par des considérations générales et finit par de menus détails, nous emprunterons à M. de Gubernatis deux ou trois passages qui caractérisent nettement l'essence divine.

« Les objets qu'embrasse la mythologie comparée sont si mobiles et si divers qu'ils s'évanouissent au moindre effort tenté pour les serrer de trop près. Leur richesse consiste surtout dans leur caractère fugace et vague. Si le soleil et la lune étaient toujours envisagés sous le même aspect, il n'en naîtrait pas de mythes...

« De même que la généalogie des dieux est sans limites, les formes que revêt le même mythe et les noms que reçoit le même héros sont innombrables... La plupart des mythes ont leur origine dans la diversité des dénominations appliquées à un même phénomène. Chacune de ces dénominations acquiert une individualité distincte, et les différents personnages qui en résultent deviennent des antagonistes mutuels. »

Numina, nomina.

IDÉES RELIGIEUSES ET COSMOGONIQUES

D'HÉSIODE.

> Chantons les naissances des dieux qui, célébrés par nos hymnes, verront le jour dans l'âge à venir ! Les dieux existants naissent de ceux qui n'existent plus et qu'a vus l'âge précédent.
>
> (Rig-Véda, traduction Langlois, section VIII, lecture III, hymne I.)

Le mouvement qui s'est produit dans l'histoire durant la première moitié de ce siècle se prolonge aujourd'hui dans toutes les branches de nos connaissances. Malgré les recrudescences momentanées d'une certaine maladie à deux faces, qui tantôt confine à la léthargie, tantôt à l'éréthisme, et qu'on nomme la routine, la plupart des esprits sains n'admettent plus, pour bases de raisonnement et fondements de certitude, que les faits contrôlés par l'expérience et la comparaison. Toute science qui veut paraître sérieuse se convertit en science d'observation ; et tous les efforts, toutes les recherches, concourent à la formation de la science maîtresse, l'anthropologie ou science de l'homme. L'homme, bien entendu, n'est plus ce mannequin factice sur lequel l'ancienne philosophie démontrait commodément sa morale et sa psychologie de convention. L'homme, c'est le genre humain tout entier, celui d'hier comme celui d'aujourd'hui, avec ses variétés de couleur, de force et d'intelligence ; il n'est pas tout d'une pièce et partout semblable à lui-même ; on ne pénètrera dans le secret de sa structure musculaire et nerveuse, de ses aptitudes cérébrales, que par des études aussi approfondies que diverses et directement assises sur le fait. A qui aborde le problème de la destinée humaine, que ce soit par la dissection ou par l'histoire, par la géologie ou la philologie, les idées préconçues sont interdites, les hypothèses ne sont permises qu'en tant qu'expédients passagers et si elles semblent au moins relier logiquement les deux chaînons les plus voisins d'une série interrompue.

Ces considérations rapides indiquent suffisamment le but et l'intérêt d'un travail sur les idées religieuses des Grecs au temps d'Hésiode. Par une fortune heureuse, deux poëmes sont venus jusqu'à nous, où les dieux et les hommes du viiie siècle environ avant l'ère chrétienne nous sont présentés un peu simplement et sèchement, dépourvus de cette grâce et de cette splendeur dont les revêt à nos yeux l'épopée

homérique. Les aventures d'Ulysse et de Calypso, les
amours de Zeus et d'Héra, d'Arès et d'Aphrodite, les
banquets royaux où Agamemnon servait à Ajax le
dos entier d'un taureau de cinq ans, ont été chantés
par des rhapsodes guerriers à la table des rois et des
forts ; les *Travaux et les jours* sont le résumé
d'une sagesse pastorale et agricole, l'œuvre d'un particulier sans ambition et sans puissance ; la *Théogonie* atteste un esprit méditatif, l'effort très-noble d'un
penseur pour classer dans un ordre philosophique les
mythes épars apportés de la haute Asie par les migrations âryennes. Ces deux ouvrages, avec un fragment
épique intitulé le *Bouclier d'Hercule*, nous sont
venus sous le nom d'Hésiode ; sont-ils du même auteur ? La question est intéressante pour qui voudrait
reconstituer la personnalité d'Hésiode ; mais elle ne
nous arrêtera point. Nous nous occupons des poëmes
et non du poëte. Il nous suffit que les formes du langage et le fond des idées rattachent les *Travaux*, la
Théogonie, et même le *Bouclier*, à l'époque reculée
que la tradition leur assigne. Leur antiquité ne paraît
pas contestable ; et bien que la *Théogonie*, par exemple, ait été un cadre ouvert aux interpolations, il
semble qu'elle se soit conservée plus fidèlement dans
son incohérence native que le vaste cycle des chants
homériques, reliés en double épopée par quelque antique Arioste, et définitivement fixés dans leur texte et
dans leur ordonnance vers les temps de Pisistrate.
Nous admettons, néanmoins, qu'elle est postérieure à

ces légendes héroïques, où la science commence à démêler des éléments absolument imaginaires, souvenirs mythiques et analogues à ceux qui donnèrent naissance au Ramayâna, associés aux épisodes réels de grandes luttes nationales. Dans cet âge, qui finit sans doute vers le xᵉ siècle avant le Christ, les diverses tribus Danaënnes, Ioniennes, Argiennes, Achéennes, Helléniques, à peine établies çà et là sur le sol grec, n'avaient guère le temps de se recueillir et de composer un corps de doctrines religieuses et morales. Elles ne pensaient point, elles agissaient, fortifiant des camps retranchés d'où elles s'élançaient au pillage, dominées par une foule de croyances superstitieuses, incohérentes, fragmentaires, dont leurs ancêtres avaient déjà oublié le sens métaphorique et poétique. C'est alors que les vagues figures ondoyantes des hymnes védiques enfermaient peu à peu en des contours humains des volontés et des caractères personnels ; mais elles flottaient encore pêle-mêle dans l'éther ou sur les nuages qui couronnent les montagnes, échangeant au gré du rhapsode leurs attributs et leurs aventures confuses.

La réduction du cycle homérique en épopées contribua plus que toute autre cause à fixer leur rang, leur histoire, leur culte même ; elle créa la mythologie grecque, et il y fut assez peu changé jusqu'au jour où la Syrie, la Perse, l'Égypte et Rome y introduisirent des formes nouvelles, pour ne pas dire des déformations bâtardes. Cette mythologie primitive se con-

densa dans l'esprit de quelques sages ; l'ingénieux esprit
grec la composa, l'enchaîna par des liens de famille, y
résumant à la fois l'image de la société telle qu'elle
était alors et le peu que l'homme savait des choses et
de leur origine, la faisant ainsi passer, de la mythologie
pure, amas inconscient de métaphores dont le sens
s'était perdu, au symbolisme, œuvre humaine et
réfléchie. La *Théogonie* d'Hésiode nous fait assister à cette transformation ; elle mêle, parmi de vieux
noms depuis longtemps divinisés, des noms nouveaux,
employés par la langue usuelle pour désigner la
Terre, le Ciel, le Soleil, la Lune, premiers objets de
l'adoration humaine, sans que le poète se doute ou se
soucie d'un double emploi perpétuel ; elle personnifie en
Océanides, en Néréides, en Titanides, une foule d'épithètes si voisines encore de leur premier usage qu'on
peut les expliquer par le grec même, sans recourir à
la linguistique ; elle atteste, enfin, le travail profond
de l'imagination sur le fond commun d'idées mythiques emporté à travers le monde par toutes les nations indo-européennes. On y voit jusqu'à trois couches de dieux identiques arbitrairement superposées.
C'est évidemment le génie à la fois subtil et ignorant
des Grecs qui a distingué Zeus d'Ouranos et de Cronos,
Gaia de Déméter et de Rhéa, Océanos de Pontos et
de Néreus, qui a croisé en d'innombrables unions
indéfiniment fécondes toutes ces variétés de noms,
créant des sexes selon le hasard des genres ; de là les
adultères et les incestes que la naïveté ou la niaise-

rie reproche encore aujourd'hui à la mythologie, pauvre et risible argument que n'ont dédaigné ni les
chrétiens ni les philosophes. Certes, aucune erreur,
si charmante soit-elle, n'est tout à fait innocente ;
l'anthropomorphisme, vice naturel à l'esprit humain,
ne l'a que trop habitué à voir dans ce qui nous envi-
ronne un ou plusieurs êtres faits à l'image de notre
personne et de notre volonté ; mais, à bien regarder
au fond des choses, les dieux que nous nous sommes
faits n'ont jamais sérieusement ni longtemps réagi contre la nature humaine et la morale sociale. Bien que
la Grèce honorât Hermès, Aphrodité, Dèmèter et autres dieux de conscience large et de mœurs légères,
elle n'a pas produit plus de voleurs et d'adultères que
les autres peuples, anciens ou modernes. Il y a des
principes plus forts que tous les mauvais exemples, si
divins soient-ils : ce sont les règles de conduite dic-
tées par l'expérience la plus simple, et sans lesquelles
il ne saurait exister de société. Mais il serait d'autant
plus puéril de s'indigner contre les fredaines de
l'Olympe, que les hasards du langage les ont seuls
introduites, et sans préméditation, dans d'innocentes
légendes.

Une science nouvelle, science constituée par
MM. Kuhn et Max Müller, et que M. Michel Bréal
semble avoir le premier naturalisée chez nous par devant la Faculté des lettres étonnée et inquiète, la
Mythologie comparée, dépassant le symbolisme ingénieux, mais souvent insuffisant de Kreutzer, a pénétré

la véritable essence des dieux. Leur origine est toute verbale, c'est-à-dire qu'ils ne sont point nés de la raison humaine; l'imagination vagabonde et les hypothèses philosophiques ont bien pu les envelopper ou les dégrossir et les subtiliser, alors qu'ils existaient déjà, quand la tradition les imposait aux croyances populaires; mais elles n'ont pas présidé à leur naissance. Les dieux ont tous été des mots détournés de leur sens, détachés par l'oubli de l'objet qu'ils avaient désigné : ce sont des noms communs devenus noms propres. Ainsi, le vocable Dieu, identique à *Deus* et au sanscrit *Dévas*, n'est autre que le développement d'un radical *Div*, qui signifie lumière, lumineux. C'est le congénère d'une foule de mots divinisés ou restés dans le langage, dont nous avons déjà donné la liste. Tout démontre que l'idée même de Dieu est postérieure à celle de jour et de ciel (1), et en général à toutes celles qui étaient imposées à l'homme par les impressions du monde extérieur. En effet, toutes les idées exprimées d'abord par le langage ont, pour ainsi dire, été passives; la conception de la divinité a été une réaction humaine contre les fatalités ambiantes, une revanche de l'anthropomorphisme. Il y eut donc, telles sont les conclusions de la mythologie comparée, un temps plus ou moins long où l'homme

---

(1) Rappelons ici que les Mongols de Djenguis n'étaient pas encore arrivés, au XIIIe siècle, à l'idée distincte de la divinité; ils la confondaient encore avec le Ciel.

de race âryenne se contenta de nommer, de décrire
et de chanter les choses ; il en vint ensuite à prêter
aux objets de ses chants des forces volontaires et des
intentions morales, sans oublier cependant le sens des
mots ; c'est l'état d'esprit représenté par la plupart des
hymnes védiques, où *Agni* est à la fois la flamme du
foyer et le dieu ou virtualité du feu ; *Sourya*, l'astre
et le dieu soleil ; *Varouna*, l'étendue céleste et la
puissance céleste, etc., etc.

Plus tard, le brahmanisme indien et le polythéisme
grec assignèrent à chaque dieu une forme humaine
ou animale et une double province dans le monde
physique et dans le vaste empire des passions. Le
monothéisme, enfin, survenant à l'heure où s'éva-
nouissait la lueur des antiques réminiscences, lorsque
les attributs divins et les légendes corrompues n'a-
vaient plus que la valeur de fantaisies plus extrava-
gantes qu'agréables, émonda l'idée de Dieu, la dégagea des formes qui la soutenaient, et, peut-être
épouvanté d'en avoir fait une abstraction pure, la
remplit et la voila de toutes les perfections dont l'esprit humain peut lui fournir l'idéal. Telle a été la
suite des religions, comme disait Bossuet ; et la découverte de cet ordre logique est due à cette humble
éplucheuse de mots qu'on appelle Philologie, et dont
la Mythologie comparée n'est qu'un département ac-
cessoire ! C'est que toutes les idées de l'homme sont
dans les mots ; c'est que notre histoire intellectuelle
et morale est tout entière dans l'étude et la compa-

raison des idées anciennes et présentes. Aussi faut-il désormais recommencer nos lectures dans un esprit nouveau, recueillir et contrôler avec plus de soin les témoignages du passé, si, à défaut d'événements oubliés, nous voulons reconstituer les mœurs et les pensées de nos ancêtres, et mesurer la distance, souvent minime, qui nous en sépare. Quel résultat si les recherches de l'érudition moderne arrivaient à nous démontrer que l'anthropomorphisme a produit tout le bien et tout le mal qu'on en devait attendre ! si la mythologie comparée, fermant l'ère des religions, nous replaçait en face de l'univers, libres, comme nos ancêtres védiques, de toute idée préconçue, mais munis de sciences assez fortement assises pour nous mettre à l'abri des erreurs passées! Quel vaste et sublime horizon s'ouvrirait à nos regards sans nuage, à nos efforts sans lisières ! C'est à ce déblaiement, à cette œuvre de liberté intellectuelle et morale, que nous voulons travailler pour notre part, *pro parte virili.*

Abordons maintenant la Théogonie d'Hésiode. Nous l'exposerons d'abord telle que l'antiquité nous l'a transmise, dans son désordre naïf, où déjà l'esprit de système se fait jour ; puis, analysant ses personnages et ses mythes, nous distinguerons le travail particulier de la pensée grecque et le vieux fond âryen ; nous terminerons par un rapide parallèle entre diverses cosmogonies ou conceptions philosophiques du monde.

10*

I

LES DIEUX.

Le début de la Théogonie est un assez long éloge
des Muses, qui semblerait démesuré si l'on ne supposait
que le poëme entier est lui-même le commencement
d'un long cycle dont le *Bouclier d'Hercule* serait un
fragment isolé. Les *Métamorphoses* d'Ovide donne-
raient une idée assez approchée de ces récits poétiques consacrés aux aventures des déesses et des femmes, et auxquels les anciens ont affecté le nom d'Éoées;
il suffit de mentionner ce titre, dont l'explication nous
entraînerait trop loin.

Hésiode s'adresse donc aux Muses, habitantes de
l'Hélicon, grande et divine montagne; il nous les
montre agitant leurs beaux pieds en cadence au bord
d'une ombreuse fontaine, à l'entour de l'autel du fils
de Cronos, ou lavant leurs corps délicats dans le
Permesse, l'Hippocrène et le saint Olmios. Elles
chantent, d'une voix toute belle, et Zeus qui tient
l'Égide, et la royale Héra, l'Argienne, qui s'avance
chaussée d'or, et la fille de Zeus qui tient l'égide,
Athéné aux yeux glauques, et Phœbos-Apollon, et
Artémis, joyeuse de ses flèches, et Poseidon, qui em-

brasse la terre, qui secoue la terre, et Thémis vénérable, et Aphrodite aux mobiles paupières, et Hébé couronnée d'or, et la belle Dionè, et Éôs, et le grand
Hélios, et la brillante Sélènè, et Latone, et Japet, et
Cronos, à l'esprit subtil, et Gaïa, et le vaste Océanos,
et la Nuit noire, avec la race sacrée des autres
Immortels qui sont à jamais.

Les Muses l'ont jadis rencontré paissant ses brebis
au pied de leur montagne, et lui ont fait le don de
poésie ; aujourd'hui, elles l'interpellent, lui donnent
un sceptre de laurier toujours vert et l'invitent à
chanter les naissances des dieux. « Si nous savons
donner au mensonge l'apparence de la vérité, nous
savons aussi, lui ont-elles dit, lorsque nous le voulons, cacher la vérité sous les fables. »

Il reprend de plus belle leur éloge, se répétant
avec une infatigable naïveté ; mais l'idée qui va dominer tout son poëme apparaît déjà, enveloppée comme à
dessein. Tout en ouvrant et en terminant leur hymne
par les louanges de Zeus, père des dieux et des hommes, le plus illustre et le plus puissant des dieux,
« elles célèbrent d'abord la race vénérable des dieux
qu'engendrèrent à l'origine des choses Gaïa et le
vaste Ouranos (la terre et le ciel), et les dieux dispensateurs de biens qui naquirent de ceux-là ; » puis,
elles passent à la race des hommes et des robustes
géants. Elle nous représentent Zeus, la foudre en
main, fier de la victoire qu'il a remportée sur son
père Cronos. Ces Muses nous apparaissent ici comme

d'antiques divinités locales, Thessaliennes et Thébaines, dénaturées déjà par le symbolisme ; filles de Zeus et de Mnémosyne, pures fictions de l'intelligence, elles président, comme leurs noms l'indiquent, au développement des facultés humaines, et séjournent aux environs de l'Olympe avec le Désir (Himéros) et les Grâces (Charites). La première d'entre elles est Calliope, l'éloquence, qui accompagne les rois et persuade les peuples. Si les rois viennent de Zeus (ô droit divin !), les aèdes et les joueurs de lyre procèdent d'Apollon qui lance au loin ses traits, et des Muses, dont les faveurs adoucissent leurs maux, pourvu qu'ils chantent les hauts faits des hommes anciens et les dieux bienheureux qui occupent l'Olympe.

« Chantez donc, filles de Zeus, les immortels nés de la Terre et du Ciel étoilé, et de la Nuit ténébreuse, et ceux qu'a nourris le gouffre salé, Pontos ; dites comment se produisirent les dieux et la terre, et les fleuves, et Pontos sans bornes, que sa fureur soulève, et les astres éclatants, et le vaste ciel qui recouvre l'univers ; enfin, ces dieux qui en naquirent, dispensateurs des biens, comment ils se partagèrent la richesse et les honneurs, et comment d'abord ils s'établirent sur l'Olympe aux retraites sans nombre !

« Tout au commencement exista le Chaos ; puis ensuite, Gaïa au large sein, siége stable à jamais de tous les immortels qui habitent les cîmes du neigeux Olympe et les Tartares brumeux dans les profondeurs spacieuses de la terre ; puis Éros (l'Amour), le plus beau des immortels, qui chasse le souci, et, dominateur des dieux et des hommes, maîtrise en leurs poitrines la prudence et la volonté.

« Du Chaos naquirent l'Érèbe et la Nuit noire ; de la Nuit, l'Éther et le Jour : amoureusement unie à l'Érèbe, elle les avait conçus et elle les enfanta.

« Quant à Gaïa, elle produisit d'abord Ouranos l'étoilé, égal à elle-même, afin qu'il l'environnât tout entière et fît d'elle un siége à jamais stable aux dieux fortunés. Elle produisit encore les chaînes de montagnes, agréables refuges des Nymphes qui habitent les vallées des monts. Puis, seule et sans amoureuse union, elle enfanta Pontos, que sa fureur soulève, abîme où ne poussent pas les moissons. Mais ensuite, ayant couché avec Ouranos, elle enfanta Océanos aux gouffres sans fond, et Coïos (Cœos), et Créos, et Hypérion, et Théa (Théïa), et Rhéa, et Thémis, et Mnémosyne, et Phœbè à la couronne d'or et Téthys amoureuse. Après eux, le plus jeune de tous, naquit Cronos à l'esprit subtil, le plus terrible des enfants de Gaïa, car il haïssait son père encore dans toute la fleur de sa beauté.

« Gaïa, de nouveau, donna naissance aux Cyclopes, qui ont un cœur indomptable, à Brontès, à Stéropès, au robuste Argès ; ce sont eux qui donnèrent la foudre à Zeus et fabriquèrent le tonnerre. Ils étaient en tout semblables aux dieux, si ce n'est qu'un œil unique était situé au milieu de leur front ; la vigueur, la force, l'adresse, les aidaient en leurs travaux. De

Gaia et d'Ouranos naquirent encore trois fils, grands et robustes, dont il ne faut pas prononcer le nom, Cottos, Briarée, Gygès, superbes frères ; sous leurs épaules s'agitaient cent mains inabordables ; sur leurs épaules, dominant leurs membres solides, cinquante têtes avaient poussé. Une force immense, souveraine, résidait en leur haute stature. »

Nous avons tenu à traduire presque mot à mot ce début extraordinaire, où les vieux mythes défigurés s'amalgament avec des hypothèses philosophiques auxquelles le poëte ne peut communiquer la même intensité de vie, parce qu'elles ne sont pas nées de cette efflorescence première du langage, parce qu'elles ne se sont pas développées lentement à travers l'inconscience des générations.

Or, tous ces enfants de la Terre et du Ciel haïssaient leur père ; et celui-ci, au fur et à mesure de leur naissance, les enfermait dans le sein de la terre, sans leur laisser voir le jour ; il se réjouissait de son stratagème ; mais la terre, qui en gémissait, machina un complot terrible ; avec l'*adamas* éclatant (le silex, l'airain, le fer ?) qu'elle venait de produire, elle fabriqua une grande faux, et, la présentant à ses fils, les poussa aux représailles. Ce fut Cronos qui accepta l'arme et se chargea de la vengeance.

« Bientôt vint, amenant la nuit, le grand Ouranos ; et autour de Gaia, plein de désir, il s'étendit et se développa tout entier. Alors, du lieu où il se tenait, Cronos leva de la main gauche et prit de la droite la faux immense, aux dents rudes, il trancha rapidement la virilité de son père... Ce qui retomba de sa main ne demeura pas stérile ; toutes les gouttes sanglantes, la terre les reçut, et, quand les temps furent révolus, elle mit au jour les Érinnys robustes et les grands géants aux armes brillantes, dont les mains tenaient de longues épées, et les Nymphes que les habitants de la terre sans bornes appellent Mélies. Le reste fut longtemps porté par les eaux sur la mer profonde, et tout autour sortait de la chair immortelle une blanche écume où une vierge se forma. Elle navigua d'abord vers la divine Cythère, puis elle atteignit Chypre entouré d'eau. Là s'élança de l'écume la belle déesse vénérable, et l'herbe partout naissait sous ses pieds délicats. Aphroditè, déesse Aphrogénie (née de l'écume), et Cythérée à la belle couronne, ainsi la nomment les dieux et les hommes ; et encore Cyprogénie, puis Philomède. Éros l'accompagna, et le bel Himéros la suivit, tandis qu'elle marchait vers le peuple des dieux. Tel fut l'honneur qu'elle reçut dès sa naissance ; elle eut en partage, chez les hommes et les immortels, les entretiens des jeunes gens, les rires et les mensonges, le doux plaisir, l'amour et les caresses. »

C'est alors qu'Ouranos donna aux Ouranides révoltés le nom de Titans ; il les assura que l'avenir leur réservait un châtiment.

Le poète revient ici aux filiations divines, dont l'ordre a été suspendu un moment par les aventures d'Ouranos et de ses fils et l'apparition d'Aphrodite. Il énumère les enfants de la Nuit ; ce sont Moros (le destin), Kèr la noire, la Mort, le Sommeil, les Songes ; puis Mômos, l'Infortune, les Hespérides, qui gardent les pommes d'or au-delà du fameux Océan ; les Mœres (Destinées) et les Kères (Parques), Clotho, Lachésis et Atropos : les unes vouent l'homme, à sa naissance, au bonheur ou au malheur ; les autres poursuivent les fautes des hommes et des dieux jusqu'à l'expiation. La Nuit enfanta aussi Némésis, la Fraude et l'Amitié (Philotès) (1), la Vieillesse et la Discorde (Éris).

Éris, à son tour, fait naître le Labeur, l'Oubli (Léthé), la Peste, les Douleurs, les Rixes, les Meurtres, les Batailles, les Carnages, les Querelles, les Discours menteurs, les Discussions, la Licence, le Crime (ou le Malheur) ; enfin, Orcos (le Serment), qui porte malheur aux parjures.

Pontos, fils de Gaîa, fut père de Nérée, divinité véridique et paisible, juste et conciliatrice. Uni à Gaîa, Pontos engendra le grand Thaumas, Phorcys, Céto aux belles joues et Eurybia au cœur d'adamas.

Nérée et Doris, fille d'Océanos, donnèrent naissance aux Néréides ; parmi les cinquante noms de ces belles déesses, la plupart sont empruntés à des aspects de la mer ; nous ne citerons que celles qui ont joué quelque rôle dans la mythologie : Amphitrite, Thétis, Ga-

____

(1) Hésiode semble employer toujours ce mot dans un sens voluptueux.

latée, Psamathè (qui fut épouse d'Éaque et mère de Phocus). Toutes sont favorablement traitées par le poëte ; l'une a les coudes roses, l'autre les bras blancs, charmes qui ne s'excluent point ; celle-ci a de belles jambes ou une riche couronne, ou de longs cheveux ; celle-là calme les flots ou s'y roule,

De nature amoureuse et de corps sans défaut.

La race de Thaumas et d'Électre (Océanide) est moins aimable ; ce sont les *Harpyies*, Aello et Ocypétè ; celle de Phorcys et de Céto joue aussi un rôle assez sombre ; les Grées, Péphrédo et Ényo, les Gorgones, Sthéno, Euryalè, et cette Méduse, que Poseidon rendit mère dans une molle prairie sur des fleurs printanières, et d'où s'élancèrent, sous le glaive de Persée, le cheval Pégase et Chrysaor à l'épée d'or, qui porte, à côté de Zeus, la foudre et l'éclair.

Chrysaor eut de l'Océanide Callirhoè : Géryon, monstre à trois têtes, pasteur de bœufs, qui devait être vaincu et dépouillé par Héraclès, et encore un autre être bizarre, qui ne ressemblait ni aux hommes ni aux immortels, l'indomptable Échidna, corps de nymphe aux yeux noirs, aux belles joues, greffé sur un immense et horrible serpent ; cette bête, confinée dans une caverne des *Arimes* (lieu inconnu), s'accoupla sous terre avec Typhon, vierge aux yeux noirs avec un Vent furieux ! Orthos, le chien de Géryon ; Cerbère, chien de l'Aïdès, mangeur de chair crue, aux cinquante têtes, et l'abominable Hydre de Lerne,

élevée par Héra aux bras blancs, tuée par le fils de
Zeus, Héraclès, avec l'aide du belliqueux Iolas et à
l'instigation d'Athènè; tels furent les fruits de cette
union affreuse. Joignons-y la Chimère, audacieuse,
grande, agile, forte, dont les trois têtes de lion, de
chèvre et de serpent soufflent la flamme, tuée par
Pégase et Bellérophon; ce n'est pas tout : Échidna,
violée par Orthos, enfanta encore Sphinx et le Lion
de Némée. N'oublions pas le dernier-né de Phorcys
et de Céto, le Dragon des Hespérides, qui ferme di-
gnement cette série de monstres antiques, descendants
de Pontos.

Océanos et Téthys engendrèrent les fleuves aux
beaux noms; il y en a vingt-cinq, les seuls connus
sans doute au temps d'Hésiode; le poète nous avoue
qu'il ne saurait les nommer tous, et il abandonne
ce soin aux habitants de leurs rives. Les trois mille
Océanides, également nées d'Océanos et de Téthys,
sont répandues sur toute la surface terrestre, dans
les sources et les lacs; elles ont reçu de Zeus une
fonction qu'elles partagent avec les Fleuves et Apollon,
celle de protéger les hommes dans leur jeunesse ou
de nourrir les chevelures des jeunes gens, qui leur
étaient consacrées. Parmi les quelques noms de fantaisie cités par Hésiode, nous remarquons Doris,
Électre, Clymène, Callirhoé, Clytie, Dionè, Europè,
Asiè, Métis, Ocyrhoé, la désirable Calypso et Styx,
la plus illustre de toutes.

Océanos et Téthys sont le premier couple des

Titans, enfants du Ciel et de la Terre. Hypérion et Théia forment le second. De leur union naissent le grand Hélios, la brillante Sélénè et Éôs, qui luit pour tous les êtres terrestres et aussi pour les immortels, habitants du vaste Ouranos.

Créios, Titan, et Eurybia, fille de Gaîa et de Pontos, ont pour fils le grand Astrée et Pallas et le savant Persès ; Astrée, uni à Éôs, devient père des Vents, Argestès, Zéphyros, Boréas et Notos, de l'Étoile du matin (Éôsphoros) et des astres brillants dont Ouranos est couronné. Pallas rend Styx l'océanide mère de Nicè, Cratos, Zèlos et Bia (la Victoire, la Force, l'Envie et la Violence).

Phœbè « entra dans la couche désirée de Cœos ; déesse, elle conçut dans les bras d'un dieu Latone *(Lèto)* au péplum d'azur, à jamais douce, et Astérie au beau nom, que Persès emmena jadis dans sa vaste demeure pour en faire sa compagne chérie. » D'Astérie et de Persès naquit Hécate.

Iapétos et Clymène, océanide au beaux talons, s'unirent dans le même lit et engendrèrent Atlas à l'âme forte, l'orgueilleux Ménœtios, Prométhée, esprit fécond en ruses, Épiméthée, qui pèche par l'intelligence et qui, dès le principe, fut une cause de malheurs pour les hommes ingénieux, car il accueillit, le premier, la vierge fabriquée par Zeus, Pandore.

Enfin, le sixième couple de Titans, et le plus important dans la mythologie grecque, se compose de Cronos et de Rhéa et de leurs enfants : Istia (Estia,

Vesta), Dêmètèr, Héra à la chevelure d'or; le puissant Aïdès, qui habite une demeure souterraine; le retentissant Ennosigæos (Poseidon); le prudent Zeus, le père des dieux et des hommes, dont le tonnerre secoue la terre immense.

Or, le grand Cronos les dévorait à mesure qu'ils descendaient des flancs sacrés aux genoux de leur mère; cet artifice devait le préserver du complot de ses fils et de l'usurpation de Zeus, prédite par Ouranos et Gaïa. Rhéa, « en proie à la douleur, » et sur le point de mettre Zeus au monde, alla demander à ses parents, Gaïa et Ouranos, le moyen de cacher l'enfant et d'arracher les autres à la furie paternelle. Ils lui révélèrent l'avenir. Zeus, né à Lyctos, en Crète, fut reçu par Gaïa, et une pierre emmaillotée fut offerte au grand chef ouranide, premier roi des dieux. « Cronos, la saisissant, l'engloutit dans son ventre, le malheureux ! » sans se douter de la substitution. Bientôt, circonvenu par les conseils astucieux de Gaïa, il dut rendre la liberté à ses enfants. Quant à la pierre, il l'avait vomie; « et Zeus la fixa dans la Terre au large sein, à Pytho (Delphes) la divine, sous les cavernes du Parnasse, pour être un signe à l'avenir et une merveille aux yeux des mortels. »

Cronos renversé, Zeus et ses frères eurent à lutter contre les Titans ouranides, dont Cronos était le chef. Sur l'avis de Gaïa, ils s'assurèrent le concours des Hécatonchires, Briarée, Cottos et Gygès, Titans aussi, mais demeurés enchaînés durant le règne de Cronos.

Admis au partage de l'Ambroisie, les trois frères prirent parti pour les dieux nouveaux. Il était temps.

Ouranides et Cronides luttaient depuis dix ans; les Titans, du haut de l'Othrys; les Dieux, dispensateurs des biens, fils de Rhéa, du haut de l'Olympe. Tous prenaient part à l'interminable guerre, mâles et femelles, Titans et dieux, et ceux que Zeus avait rappelés de l'Érèbe à la lumière. Armés de pierres, les trois géants criblent de coups l'ennemi; les Titans, en phalanges sans cesse accrues, résistent. La mer mugit lugubrement, et la terre se plaint, et le vaste ciel ébranlé gémit. L'Olympe tremble sous l'effort des dieux. Le sombre Tartare sent les secousses des pas, du tumulte, des chocs. Les traits volent et sifflent; la clameur monte aux astres. Environnés d'une vapeur ardente par la foudre de Zeus, aveuglés par les éclairs, accablés de traits par les géants, vaincus enfin malgré leur courage, enchaînés et précipités aussi loin sous le sol qu'est le ciel au-dessus, dans le Tartare, sombre pays où les relègue Zeus, assembleur de nuées, et que Poséidon a ceint de murs infranchissables et clos de portes d'airain, les Titans à jamais résident loin des dieux, au milieu de la nuit, près du Chaos, sous la garde des Hécatonchires victorieux. Le rôle de geôliers est dévolu à Cottos et à Gygès; quant à Briarée, d'un naturel plus doux, il devient gendre de Poséidon, qui lui donne sa fille Cymopolia.

Voici Zeus et les Cronides maîtres du monde. Aïdès, dieu souterrain, commande aux mânes infernaux;

11 *

Cerbère est son chien. Plus tard, il enlèvera Perséphoné, fille de Dèmèter. Poseidon (Gaièochos, Ennosigæos, Érictypos, Cyanochaetès) n'a point un empire bien déterminé; dans le *Bouclier*, il est appelé *tauréos*, fort comme un taureau, à la tête de taureau; en somme, il joue ici, comme dans Homère, le rôle de roi des tempêtes. Il épouse Amphitrite et en a Triton. (Nous reviendrons sur ces noms.)

Quant à Zeus, chef de l'entreprise, il règne au ciel, de par la foudre que lui ont donnée les Cyclopes délivrés avec les Hécatonchires. En récompensant ses alliés, il n'a garde d'oublier Styx qui, la première, l'a soutenu contre les Titans et lui a prêté ses enfants, la Victoire, la Violence, l'Envie et la Force. « C'est par ces compagnes qu'il est puissant, par elles qu'il règne. » Aussi comble-t-il de biens leur mère : il ordonne qu'elle devienne la gardienne du *grand serment* des dieux.

Déesse formidable aux immortels, fille aînée d'Océanos, elle habite près du Tartare, loin des dieux, des demeures célèbres, couvertes de vastes rochers, élevées jusqu'au ciel sur des colonnes d'argent. Une eau, dont Iris vient chercher un plein vase pour le serment des dieux, coule en ce séjour; c'est la dixième partie des eaux d'Océanos. Les autres coulent sur la terre; celle-là seule s'échappe de la pierre pour le malheur des dieux, car les dieux ne peuvent enfreindre le serment prêté sur l'eau de Styx, sous peine de demeurer inanimés une année entière, privés du nectar et de l'ambroisie, sans souffle, sans voix, gisants sur des lits, enveloppés d'une torpeur funeste ; ils ne sortent de ce supplice que pour tomber dans d'autres maux ; neuf ans entiers, ils sont bannis des conseils et des festins des dieux. La dixième année seulement les rend aux assemblées olympiennes. Telle est la gravité du serment que les dieux ont fondé sur l'eau de Styx !

Parmi les Titanides épargnés, il faut citer Hécate, fille unique de Persés et d'Astéria. Son isolement est respecté des dieux, et Zeus n'en profite pas pour lui ravir les honneurs et les attributs qu'elle avait reçus en partage sous le règne antérieur des Titans. Elle reste donc également vénérée sous le ciel et chez les dieux. Invoquée dans les sacrifices, chargée de l'éducation de la jeunesse, puissante sur terre et sur mer, elle sait, comme Hermès, multiplier les biens de la terre et les troupeaux ; elle favorise les cavaliers et les marins, qui, dans leurs vœux, l'associent à Poseidon ; elle donne et ôte la proie, et la victoire aux luttes de la parole ou du glaive ; elle tient entre ses mains le sort des puissants et s'assied avec les rois sages pour rendre la justice.

Océanos, Téthys, Mnémosyne, Rhéa, restent au moins divinités honoraires. On peut réunir encore aux privilégiés Éos, Hélios, Phœbé et Sélèné. Quant à Ouranos et Gaïa, comment les détruire ? Mais ils perdent leur puissance. Gaïa, irritée, eut beau s'unir au Tartare et mettre au jour un dernier enfant, un dernier ennemi à Zeus, le trône des Titans ne fut pas relevé. Cependant, le combat suprême fut rude; Hésiode l'a décrit avec une puissance admirable. Voici une réduction du tableau :

Unie au Tartare par Aphrodite aux cheveux d'or, la vaste Gaïa enfanta Typhée, dieu fort, aux mains vigoureuses, aux pieds infatigables, aux cent têtes d'affreux serpents se léchant de leurs langues noires; le feu brillait sous ses sourcils, jaillissait de ses têtes lorsqu'il regardait. Chaque tête avait sa voix, ô prodige! Tantôt elles parlaient la langue des dieux, tantôt elles lançaient le mugissement formidable du taureau superbe ou le cri du lion au cœur indompté, tantôt elles aboyaient, ou de leurs hurlements faisaient retentir les vastes montagnes. Ce jour eût vu un forfait inévitable; Typhée eût commandé aux hommes et aux dieux, si Zeus n'eût été sur ses gardes. Le Cronide lança vigoureusement la foudre; la terre au loin résonna d'horreur, et le ciel au-dessus, et Pontos et les courants de l'Océan, et les Tartares de la terre; et sous les pieds des immortels tremblait le haut Olympe, ébranlé par l'effort du roi suprême. Un vaste incendie dévore les campagnes; les cent têtes du monstre prennent feu; il tombe sur la terre, qui se lamente, et roule au fond du spacieux Tartare. C'est de Typhée que sont issus ces vents violents, fléau des mortels, qui s'abattent sur la sombre mer et se jouent dans un tourbillon funeste. Les nefs sont déchirées, les matelots brisés; il n'est pas de refuge à qui les rencontre sur les flots; ils envahissent aussi la terre immense, fleurie, emportant les travaux chers aux hommes nourris du sol, et troublent l'air de poussière et de débris qui volent!

Vainqueur de Typhée, définitivement établi dans sa royauté, Zeus distribue les rôles à tous les autres dieux.

Mais, avant de raconter son règne et ses aventures, nous devons nous arrêter à la lutte particulière qu'il eut à soutenir contre les Japétides; l'épisode est d'autant plus intéressant qu'il y est question des hommes.

Japet (Iapétos) n'avait pas échappé à l'infortune des Titans. A défaut d'Hésiode, Homère nous l'apprend; il nous le montre *(Iliade, VIII, 480)* avec Cronos, assis aux dernières limites de Gaïa et de Pontos, dans le Tartare. Atlas, son fils, « contraint par la Nécessité, aux confins de la Terre, près des Hespérides éloquentes, debout, inébranlable, sur sa tête et ses robustes mains soutient le vaste ciel, à l'endroit où la Nuit et le Jour, se rejoignant dans leur course circulaire, se parlent entre eux sur le grand seuil d'airain. C'est la part que lui a faite le prudent Zeus. » Quant à Menœtios, l'orgueilleux, l'insulteur, Zeus au vaste regard, d'un coup de sa foudre ardente, le jeta en bas, dans l'Érèbe, à cause de sa rudesse et de sa violence indomptable. Restaient l'inconséquent Épiméthée et le subtil, le divers Prométhée, l'ami des hommes.

Ce fils ingénieux de Japet et de Clymène aux belles jambes « voulut jouer au plus fin avec le superbe Zeus. » Il tenta de le duper, à Mécone (près de Corinthe), lorsque les dieux et les hommes disputaient entre eux (sur les conditions d'une alliance?). Ayant dépecé à dessein un taureau, il déposa dans la peau du ventre les chairs, les intestins et la graisse; puis, il sut parer, c'était là la fraude, les os blancs du bœuf avec un peu de graisse appétissante. Alors, le père des dieux et des hommes lui dit : — Fils de Japet, le plus illustre de tous les rois, ô mon ami, comme tu as fait les parts inégales ! — Il raillait, car on ne peut le tromper. A son tour, Prométhée le subtil lui dit en souriant : — Glorieux Zeus, le plus grand des immortels, choisis une part, celle que tu crois la meilleure. — Il dit, méditant une fraude. Zeus, qu'on ne peut tromper, vit l'artifice; mais il voulait du mal aux hommes, et il fallait que ses intentions s'accomplissent. (Il fit donc mine de choisir les os.) De ses deux mains, il enleva la graisse blanche. Il enrageait en lui-même; mais sa colère déborda dès qu'il vit les blancs ossements du bœuf et le succès de la ruse maudite. Depuis ce jour, sur la terre, les hommes brûlent, en l'honneur des dieux, des os sur les autels parfumés d'encens. Et Zeus, indigné, dit à Prométhée : — Fils de Japet, le plus ingénieux de tous les êtres, ô mon ami, tu ne t'es donc pas encore défait de tes ruses perverses ? — Ainsi parla Zeus, qui sait toutes les pensées. Et depuis, gardant mémoire de cette fraude, il refusa aux malheureux mortels le trésor du feu. Mais, bon pour les hommes, le fils de Japet sut encore tromper Zeus; il cacha, dans un roseau creux, l'éclat du feu, qui se voit de loin.

La même fable se retrouve, très-heureusement contée, dans les *Œuvres et Jours*; c'est là que nous prenons le discours de Zeus, mordu jusqu'au fond du cœur par la colère : « Fils de Japet, qui sais tout, tu te réjouis d'avoir ravi le feu, trompé ma volonté. Mal t'en prendra à toi et aux races futures. J'enverrai aux hommes un fléau vengeur, un fléau qui séduira leurs âmes et qu'ils embrasseront tous avec amour. » Il dit et se prit à rire, et il ordonna à Héphaistos de créer Pandore. »

Bientôt, avec de l'eau et du limon, le double-boiteux forma un corps pourvu de l'apparence humaine. Athènè, la déesse aux yeux glauques, la ceignit, la para d'une robe blanche, lui posa sur le front un voile merveilleux et des guirlandes où le désir s'exhalait des fleurs de l'herbe nouvelle; la blonde Aphroditè versa sur elle la grâce, le désir ardent et les langueurs qui fatiguent les jeunes corps. Dans sa poitrine, le messager, meurtrier d'Argos, plaça les mensonges et les doux propos et la perfidie; puis, il lui donna la voix. Sur la couronne de Pandore, Héphaistos avait ciselé lui-même les monstres que nourrissent la terre et la mer. Lorsqu'il eut achevé ce chef-d'œuvre, où les maux se dérobaient sous la beauté, il l'amena, ornée par la déesse aux yeux glauques, dans l'assemblée des dieux, qui admirèrent un piége invisible aux humains. Elle fut ensuite présentée (*Œuvres et Jours*, 83-105) à Épiméthée, qui, oubliant les conseils de son frère, l'accueillit pour le malheur de tous. Jusque-là, l'humanité avait été exempte de maux ; mais Pandore ouvrit une boîte, d'où s'envolèrent toutes les maladies, qui saisissent l'homme sans bruit, car Zeus leur a ôté la voix ; l'espérance y resta seule, et la boîte fut refermée sur elle.

Cette Pandore, qui a quelque ressemblance avec l'Ève biblique, donne occasion au vieux poète de médire un peu des femmes ; mais cette digression trouvera mieux sa place dans un autre travail. Restons-en aux dieux.

Prométhée, *malgré son innocence*, et tout habile qu'il fût, n'évita pas la colère de Zeus. Des fers indestructibles l'attachèrent par le milieu du corps à une colonne ; un aigle aux vastes ailes vint ronger son foie impérissable. « Autant l'oiseau aux ailes étendues en avait arraché pendant le jour, autant il s'en reformait pendant la nuit. » Héraclès, du consentement de Zeus, mit fin à ce supplice, et Prométhée fut délivré.

Pendant que les Océanides gémissaient à l'entour du Titan captif, Zeus se livrait à ces vagabondes amours, qui lui ont été si amèrement reprochées.

Il prit pour première épouse Métis, océanide ; cette union eut un dénouement singulier. Au moment où

Métis allait enfanter Athênê, Zeus, sur le conseil de Gaïa et d'Ouranos, l'enferme dans son ventre (1). La déesse captive l'avertira mieux du bien et du mal; pour lui, il évitera d'être détrôné par ses enfants. Cronos était moins fort, il ne savait point dévorer ainsi la mère et l'enfant! On sait de reste la naissance d'Athênê. Cette favorite d'Homère jaillit du front de Zeus. Active, bruyante, indomptable, amoureuse de tumulte, de guerres, de batailles, spoliatrice comme Arès, elle a en main le glaive, en tête le casque d'or et l'égide à l'épaule. Une autre tradition, rapportée aussi par Hésiode, la fait naître auprès du lac Triton. De là son surnom de Tritonis, Tritogénie.

De Thémis qu'il épouse ensuite, Zeus a les Heures, l'Harmonie, la Justice, la Paix et les Mœurs (déjà filles de la Nuit et de l'Érèbe).

Eurynomê lui donna les trois Grâces; Dèmèter le rendit père de Perséphonê à la blanche poitrine, qu'il laissa à son ravisseur Aïdès. Il aima Mnémosyne, et, en neuf nuits, elle conçut les neuf Muses. Puis, ce fut le tour de Latone, bientôt mère d'Apollon et d'Artémis. Maïa et Sémélê lui enfantèrent Hermès et Dionysos.

« Le père des dieux et des hommes songeait au moyen de donner aux mortels un défenseur; roulant ce projet dans son esprit, il quitta de nuit l'Olympe, plein de désir pour la femme à la belle ceinture... Et cette nuit même, il accomplit son désir dans le lit, dans les bras, de la fille d'Électryon, Alcmènê aux jambes élancées. »

12

Ces vers du *Bouclier* fournissent le sujet de l'Amphitryon de Plaute et de Molière et révèlent le secret, si répandu depuis, de la naissance d'Héraclès.

Tandis qu'il s'unissait à toutes ces déesses ou femmes, Zeus épousait encore Héra, sa sœur, dans tout l'éclat de sa jeunesse; Hébé, Arès, Ilithyie, Héphaistos furent les fruits de cette union.

Les alliances et les filiations de la famille de Zeus sont assez connues pour que nous les omettions ici. Leur légende ne fait d'ailleurs que commencer; elle est sobrement indiquée par Hésiode. Le poème se termine par le récit rapide des amours entre les dieux et les mortelles, entre les hommes et les déesses; cette énumération, sans doute incomplète, est très-précieuse, en ce qu'elle nous transporte en pleine époque héroïque, dans le monde des demi-dieux, incessamment grossi par la fantaisie poétique, les apothéoses populaires ou les caprices des puissants, depuis Ganymède jusqu'à Alexandre, depuis César jusqu'à Caracalla. Citons, parmi les unions mixtes que mentionne Hésiode, celles de Iasios et Déméter, Cadmos et Harmonia, Éôs et Tithon, Éôs et Céphale, Céphale et Procris (1), Aphrodité et Phaéton, Iason et Médée, Éaque et Psamathé, Anchise et Aphrodité, Téthys et Pélée, Odysseus et Circé, Odysseus et Ca-

____

(1) Mythe expliqué dans l'*Essai de Mythologie comparée* de Max Müller.

lypso; parmi les demi-dieux : Ploutos, Ino, Sémélé et Agavé, Memnon et Émathion, Médéos, élève de Chiron, Phocos, Énée, Achille, Agrios et Latinos, Nausithoos et Nausinoos.

Le plus fameux des demi-dieux est Héraclès (que nous verrons être un dieu complet). Hésiode ne signale pas les *douze* travaux; on voit, par un passage du *Bouclier*, qu'Eurystheus ne joue pas tout à fait, dans l'histoire du héros, le rôle que lui prête la mythologie ordinaire. Vainqueur d'Orthos, du bouvier Eurytion, de Géryon, de l'Hydre, du Lion de Némée, du Vautour de Prométhée, de Cycnos, « après avoir accompli ses travaux douloureux, Héraclès, jeune et fort à jamais, épousa, sur le neigeux Olympe, une vierge pudique, Hébé, fille du grand Jupiter et de Héra aux sandales d'or. » Voilà à peu près tout ce qu'Hésiode sait de Héraclès.

Ce que nous possédons de la Théogonie finit ainsi : « Ces immortelles, unies à des hommes, mirent au monde des enfants pareils aux dieux. Maintenant, Muses dont la voix charme l'Olympe, filles de Jupiter qui porte l'égide, chantez la série des femmes illustres. » Ce n'est pas une conclusion, mais une transition, qui justifie assez l'opinion que nous avons rapportée plus haut sur le cycle des Éœes.

A nous maintenant de jeter un peu de lumière dans ce confus amalgame de symboles et de mythes; à nous d'indiquer les problèmes et d'en résoudre quelques-uns.

II

LES MYTHES.

§ Ier. — COMMENT IL FAUT ANALYSER LES MYTHES.

Quel que soit le désordre de la *Théogonie*, quelle
qu'en soit l'incohérence, aggravée encore par des digressions et des incises dont l'auteur naïf ne sait guère
se défendre, on ne peut pas ne point être frappé d'un
effort constant vers une classification philosophique :
cette succession d'un chaos, d'une terre et d'un ciel,
de forces aveugles et libres, et d'harmonie universelle,
enfin maintenue par la domination d'un seul, ne manque ni de grandeur ni de raison intuitive. Mais, bien
que la philosophie et les religions soient nées d'un
même fait, l'observation telle quelle des phénomènes
ambiants et intérieurs, comme celle-là a continué de
marcher sur les pas de l'expérience, tandis que celles-ci
s'arrêtaient désorientées par la dispersion des peuples,
des langues et des traditions, il n'a jamais été utile
d'associer les vérités acquises par la philosophie aux
lambeaux de souvenirs faussés, machinalement rete-
nus par les religions. C'est ce rapprochement erroné,
mais très-naturel au temps d'Hésiode, qui introduit

une inextricable confusion dans l'ordre même qu'il essaie d'établir. Le poète penseur a voulu réunir en un faisceau serré toute la pauvre science de son temps, bribes de traditions, hypothèses cosmogoniques, observations morales, notions historiques et géographiques ; mais il n'a pu constituer qu'un pêle-mêle affreux destiné à faire le désespoir de ceux qui tentent de le débrouiller. En effet, il ignore le sens de ces traditions, de ces mythes, pour les appeler par leur nom ; or, ces mythes renferment nécessairement des hypothèses, des préceptes, des indications de temps et de lieu, qui peuvent ne concorder nullement avec les idées du même genre dont il les mélange à tort et à travers. C'est justement ce qui lui arrive sans cesse, et ses interpolations grecques détonnent au milieu de légendes âryennes, nées sur les versants septentrionaux de l'Himalaya ou dans quelque plaine de l'Asie, un instant occupée par l'émigration Ionienne. Par exemple, la Fraude, la Discorde, la Vieillesse, le Labeur, les Rixes, les Meurtres, les Batailles, la Victoire, la Force, la Violence, la Justice et la Paix, sont des divinités trop nouvelles et trop vagues pour accompagner des figures aussi nettement accusées que la Chimère, Chrysaor, Prométhée ou Athénè. Ce sont des personnifications et non des personnes, de froides entités et non des dieux vivants. Leur présence est précieuse toutefois à qui veut constater l'état moral de la Grèce primitive, mais elle nuit à la beauté et à l'unité du poème.

12*

Pour arriver à dégager le véritable fonds âryen de la mythologie hellénique, il faut donc écarter et les classifications du poëte et les allégories sans corps, et même, en général, les noms qui s'expliquent aisément par la langue grecque, et ne sont, le plus souvent, que des épithètes accessoires : de ce genre sont la plupart des Océanides et des Néréides. Il ne faut conserver que les dieux agissants et mêlés à des légendes abscures, que les monstres singuliers aux noms mystérieux. Plus les mythes sont bizarres, insensés même, plus ils sont authentiques et vénérables. Mais il faut en retrouver la clé.

En bannissant les noms d'une interprétation facile, prenez garde que nous ne dédaignons pas ceux qui désignent visiblement des aspects de la nature, des phénomènes atmosphériques ou terrestres. Bien au contraire. Comme les circonstances extérieures les plus importantes ont certainement donné à l'homme ses premières impressions et les premiers termes de son langage, les hymnes védiques sont là pour nous le prouver, il est presque impossible que leurs noms ne soient pas au nombre de ceux qui devinrent dieux. Il n'y a même, à proprement parler, que les noms de ce genre qui soient devenus dieux.

D'après les données certaines, bien que bornées encore, de la mythologie comparée, la plupart des personnages divins se résolvent en épithètes du Ciel, de la Terre, du Soleil, de la Foudre, de l'Aurore, du Crépuscule, du Vent, de l'Eau, des Arbres, des Mon-

tagnes, et la plupart des mythes ou métaphores où la
nature humaine sert naturellement de point de comparaison. On a divinisé des choses bien avant de diviniser des idées, bien avant de diviniser des hommes,
et surtout d'incarner dans un homme divinisé l'idée
divine tout entière. La gradation descendante a été
logique, a été fatale, et, pour y échapper, l'humanité
doit remonter au point de départ des théogonies, avant
les dieux.

Le terme d'épithète, que nous employons plus haut,
pourrait s'appliquer à tous les noms, puisque tous, in-
capables d'embrasser la complexité des choses, n'en
caractérisent qu'une apparence, une qualité. Ce n'est
qu'en élevant certaines épithètes à la dignité de substantifs que nous avons remédié à cette impuissance.
Les Aryens créèrent ainsi beaucoup de synonymes
apparents, comme s'ils espéraient égaler, par les
nuances des qualificatifs, la diversité des aspects d'un
même objet. Qu'arriva-t-il? Que de tous ces noms con-
vergents, deux ou trois, puis un seul, furent attachés,
par l'habitude et la nécessité, à l'être que tous voulaient désigner; les autres, attributs sans destination
précise, demeurèrent dans la langue, isolés et hors de
service, mais non hors d'usage; le sens en était perdu,
mais non le son. Il fallut bien en faire des dieux; et
ces vieux adjectifs se prêtèrent d'autant mieux à
l'apothéose, qu'un fil invisible, une vague tradition les
rattachaient encore à leurs congénères. On se trouva
ainsi en possession de cinq, dix, vingt dieux pour le

même office, qu'on leur partagea. Il y eut lutte intime entre ces compétiteurs, lutte dont l'histoire d'Ouranos, de Cronos et de Zeus, est la parfaite image, et le nom qui se comprenait le moins l'emporta aisément sur ceux qui étaient demeurés dans la langue à l'état de noms communs. C'est le secret du triomphe et du règne de Zeus.

§ II. — Les noms du Ciel.

Du parallélisme évident qui relie les aventures et les groupes d'Ouranos, Cronos et Zeus, conclure à leur identité, c'est une induction d'autant plus légitime qu'elle est conforme aux procédés mythologiques ci-dessus constatés. Zeus, le Dyaus védique, n'est autre que le Ciel *lumineux*, et Ouranos, l'indien Varouna, n'est autre que le Ciel *étendu* (1). L'étendu, le lumineux, ce sont deux épithètes différentes, devenues, par leur application au même objet, des noms synonymes. Leur divinité a pour mesure le degré d'oubli où est tombé leur sens physique. Dans

-----

(1) Le mot *ciel* lui-même, en grec *coïlon*, latin *cœlum*, n'est que la concavité d'une voûte. *Varouna* et *Ouranos* ne sont pas le même mot, mais deux mots procédant de la même racine *var*, qu'on retrouve aussi dans l'adjectif grec *eurus*, dans le latin *Eurus*, nom d'un vent (?).

les Védas, Dyaus, presque toujours associé à Prithivi
ou Prisnî (la terre), n'ayant jamais perdu sa signification naturelle, n'a jamais acquis non plus complétement la qualité de nom propre, de personne, de
dieu. Le contraire est arrivé chez les Grecs : Zeus,
de moins en moins employé dans l'acception commune de ciel, a passé dieu. Cependant, quelques
phrases toutes faites (Ζεὸς ὕει, il pleut. C. f., *Trac. et
J.*, V. 486.) ne laissent aucun doute sur son sens primitif ordinaire. Varouna et Ouranos ont éprouvé des
vicissitudes analogues; le premier, laissant de côté sa
réalité physique, s'est transformé promptement en
personne idéale; le second n'est jamais sorti de la
langue vulgaire, et l'anthropomorphisme n'a exercé
sur lui qu'une action trop incomplète pour lui assurer
la vie indépendante d'un Zeus, d'un Hermès ou d'une
Athènè. Sa métamorphose est restée en chemin. On
dirait que la race hellénique s'est séparée du groupe
Aryen à une époque où le mythe des Titans flottait
confusément autour de Varouna et de Dyaus ; et
tandis que les Indiens attribuaient la victoire à un
troisième dieu, Indra ou Agni ou Sourya, les Grecs
rattachaient la légende au vieux nom rajeuni de
Zeus.

Quant à Cronos, qui vient se placer entre Ouranos
et Zeus, son nom n'est pas encore suffisamment expliqué; il n'a point de famille en grec et n'existe pas en
sanscrit. Le radical sanscrit *Kar*, faire, les mots
Krânan, *Karanas*, cause, l'ancien dieu latin *Ga-*

ranus, semblent ses proches parents. C'était sans doute le Ciel ordonnateur ou créateur, une entité déjà philosophique et qui n'avait pas, pour occuper longtemps l'Olympe, d'assez puissantes racines dans la réalité. Sa ressemblance verbale avec *Chronos*, le Temps, le faisait presque rentrer dans la langue usuelle. En tout cas, les lois de l'analogie permettent de l'assimiler à Ouranos et à Zeus; placé entre eux, il agit comme eux; sa légende est la même.

Résumons les coïncidences de ce mythe bizarre.

Ouranos, Cronos et Zeus se défient de leurs enfants. Ouranos les tient enfermés dans le sein de Gaïa la Terre, son épouse; Cronos les dévore; Zeus enferme dans son ventre Métis enceinte d'Athènè, et permet à Aïdès de retenir sous terre Perséphonè, dont Dèmèter *(Gè-Mèter)* l'a rendu père.

Les enfants d'Ouranos le haïssent; Cronos, leur chef, reçoit de Gaïa une faux dont il mutile son père. Les enfants de Cronos le haïssent; Zeus, leur chef, le détrône et le précipite dans le Tartare, avec les Titans. Hésiode ne nous montre pas les enfants de Zeus révoltés contre lui; mais la mythologie postérieure est pleine des rébellions de Héra, de Poseidon et d'Apollon.

La symétrie générale ne saurait être plus complète. Les particularités qui diffèrent sont des lambeaux de traditions âryennes ou des inventions grecques qui pourraient indifféremment s'appliquer aux trois branches de la légende. Les plus curieuses sont : la muti-

lation d'Ouranos, la réclusion des Ouranides et des
Titans, la guerre entre les Titans et les Cronides.
Nous en retrouvons les éléments primitifs dans cer-
taines métaphores, dans certaines expressions du Rig-
Véda. Voici quelques fragments d'hymnes :

« Eh quoi! il a grandi, celui que la mère a porté
des milliers de mois et pendant de nombreux automnes!
(Cronos, ὁπλότατος παίδων, le dernier-né de la Terre.)

« Méditant la mort de Vritra (qui joue ici le rôle
d'Ouranos, de Varouna : racine vri ou var), *dans la
retraite mystérieuse,* la mère a fait Indra et l'a doué
de force.

« Arrivent les ondes retentissantes. Elles font entendre un bruit respectueux; elles semblent dire :
Quel est ce prodige? Et bientôt elles percent la montagne (le nuage) qui les enveloppait.

« En voyant (le coup frappé par Indra), elles poussent un cri de surprise. — Si Indra a commis un
crime, dit la mère, *que les ondes l'emportent !* Mon
fils, en tuant Vritra *avec sa grande arme* a créé
ces torrents.....

« Hélas! disait cette mère à ce héros, mon enfant,
tous ces dieux t'abandonnent!

« .....Indra, *qui a comme toi rendu sa mère
veuve?* » (Section III, lecture V, hymne XIII, trad.
Langlois.)

« Indra triomphe de ses ennemis; *il enlève, en
quelque sorte, au ciel sa semence féconde.* » (S. I,
l. VII, h. VI, 3.)

« .....Indra le frappe de sa foudre sur la tête; et Vritra, *cet eunuque qui affectait une fausse virilité*, tombe déchiré en lambeaux. Les ondes... qui nous charment, le submergent, ces eaux que Vritra, dans son immensité, avait embrassées et retenues! La mère de Vritra s'abaissait pour défendre son fils; Indra lui porte *en dessous* le coup mortel. La mère tombe par-dessus le fils, qui reste sous elle; Danou est étendue près de lui, comme la vache avec son veau; le cadavre de Vritra, ballotté au milieu des ondes qui ne s'arrêtent jamais et sont toujours agitées, n'est bientôt plus qu'une chose sans nom; les eaux le noient à jamais, et l'ennemi d'Indra s'endort dans les ténèbres éternelles. » (S. I, l. II, h. XIII, trad. Barthélemy Saint-Hilaire.)

Ailleurs, il est parlé de *divorce apparent* du Ciel et de la Terre; on nous montre Indra *séparant le ciel de la terre*, si bien qu'ils sont chacun la moitié d'Indra.

Ainsi, Gaïa cache Cronos et lui donne la faux; la Terre forme Indra dans ses profondeurs et le doue de force. C'est Gaïa qui médite la perte d'Ouranos; c'est la Terre qui médite la perte de Vritra. Cronos frappe Ouranos de sa faux et le mutile; Indra tue, de sa grande arme, Vritra, eunuque qui affectait une fausse virilité, et enlève au Ciel sa semence féconde. Les eaux emportent les lambeaux d'Ouranos et de Vritra. Cronos est confiné par Zeus dans le Tartare, aux racines de la terre et de l'océan. La Terre et le Ciel, séparés par un divorce apparent, continuent, sous d'autres noms, à engendrer des dieux, et, comme il est dit dans un autre hymne (S. V, l. VII, h. V, 34) : « La virilité qu'Asanga avait perdue reparut pleine et entière; Saswati, sa femme, s'en aperçut. »

De pareilles concordances ne sont certes pas l'effet de coïncidences fortuites. L'imagination grecque et la poésie védique se sont jouées sur un fonds commun, que l'on entrevoit encore dans les hymnes de l'Inde, mais qui apparaît plus rarement sous le symbolisme d'Hésiode, comme une couche géologique, recouverte par celles qui lui ont succédé et qui sont assises sur elle, ne se révèle que par la saillie de quelques roches.

§ III. — LES TITANS.

Les images dont les débris défigurés sont devenus, chez les Grecs et chez les Latins, des mythes inintelligibles, les chantres védiques en connaissaient encore le sens et l'objet. Elles se rapportaient presque toujours au combat du ciel lumineux, par la foudre et les rayons solaires, contre les nuages gardiens et détenteurs des eaux. De là ces perpétuelles descriptions de batailles où Varouna, Indra, Agni, Vichnou, Sourya, Mitra, Roudra, Pouchan, noms divers du ciel, de la lumière, du soleil, du vent et des nuées, apparaissent

montés sur des chars d'or, conduits par des chevaux
azurés, secourus par les Marouts (vents), les Açwins (les
deux crépuscules), accompagnés de l'oiseau Garouda,
sorte d'aigle ou d'épervier, qui figurent la rapidité de
leurs traits, et lançant des flèches de feu, des bran-
dons de tonnerre (Oulka, peut-être parent du latin
Vulcanus) contre des dragons à trois têtes, des chiens
monstrueux (*Karbouras*, Cerbère, *Sarameyas*, Hermès), qui gardent les troupeaux des nuées ou vaches
célestes dont la terre implore les mamelles fécondes.

Les Grecs n'ont retenu, de cette grande peinture d'un
phénomène de tous les jours, que l'idée générale de la
lutte, et une foule de fragments dispersés dans des
légendes particulières, celles, par exemple, d'Héraclès, d'Hermès et d'Apollon. Dans le combat de Zeus
et des Titans, il n'y a que Typhée qui rappelle l'ancienne tradition. Les Hécatonchires ne devraient pas
être du côté de Zeus, et Apollodore ou Virgile, en
rangeant Briarée, Encelade, Gygès (Gyas) parmi les
ennemis des dieux, sont restés plus près de la vérité
qu'Hésiode ; il faudrait compter encore, dans le camp
des rebelles, tous les monstres, Échidna, la Chimère,
Orthos, Géryon, Cerbère, le Dragon des Hespérides,
le Lion de Némée, Phorcys, Céto, qui ont été aériens
avant d'être marins, puisque les races âryennes ne
connaissaient pas la mer avant leurs migrations. C'est
là, aux côtés d'Ahi (*Échi*-dna), de Vritra, que les
mythographes les chercheront et les trouveront dans
le trésor védique.

Les Titans d'Hésiode n'ont rien de monstrueux, rien qui explique leur lutte contre les dieux de la lumière, rien qui justifie leur réclusion éternelle. Eux-mêmes sont des divinités solaires, et leurs successeurs sont en même temps leurs héritiers ; quelques-uns d'entre eux, les plus obscurs, semblent attester un effort philosophique de l'esprit. En général, ils rappellent les Adityas védiques, groupe de divinités solaires qui comprend Varouna, Mitra, Aryaman, Savitri, Agni, et d'autres, dont les noms ont varié. L'étymologie de *titan* est très-incertaine. Bien que la première syllabe soit longue, on voudrait y voir un redoublement de la racine *tan*, qui a fourni au grec τείνω, au latin *tendo*, au sanscrit, entre autres dérivés, le nom mythique de *Tantavas*. Les Tantavas, d'après feu d'Eckstein, dont la science aventureuse ne doit pas être toujours dédaignée, seraient des puissances lumineuses, des rayons « formant la trame étendue, active, » de l'espace. Plusieurs des Titans d'Hésiode répondent assez à cette donnée.

Hypérion, par exemple, celui qui marche ou qui envoie au-dessus, est très-visiblement la lumière solaire. Est-ce qu'il n'a pas pour enfants Éôs, l'aurore ; Hélios, le soleil, et Sélènè, la lune ? Il a pour femme Héra, très-voisine de Thémis, celle qui établit, ou simplement la divine, très-probablement la Terre. Encore un dédoublement du couple primordial la Terre et le Ciel. Le nom de Titan est demeuré plus spécialement à Hypérion ou à Hélios, son fils ; dans Apollodore, Hélios est fils de Zeus.

Les couples de Cœos et Phœbè, de Créios et Eurybia ne renferment pas d'autres éléments, bien que
les deux noms masculins présentent quelque obscurité.
Cœos (Coios) passe pour avoir signifié nombre chez les
Macédoniens. Un vers, cité par Athénée, fait dire à
Artémis : ma mère est fille du nombre (ἀριθμοῖο); or,
les filles de Cœos et de Phœbè sont Astérie et Latone,
la voûte étoilée et la nuit obscure. On verrait alors
dans Cœos, ou le Soleil qui mesure les heures, épithète védique, ou l'idée abstraite de nombre, d'harmonie. Créios renferme le sens de puissance et de
bonté; c'est le simple de κράτσων. En effet, il est uni
à Eurybia, la force rapide; leurs enfants sont Astræos,
qui double Astérie, et encore Pallas et Persès, dont le
rôle est effacé. Quant à Phœbè, c'est, de par la langue,
la jumelle de Phœbos; c'est un synonyme de Sélènè.
La divinité la plus curieuse de cette famille d'astres
est assurément Hécate, forme féminine de *hécaté-bolos*
(qui lance au loin ses rayons). Fille d'Astérie et de
Persès, petite-fille de Phœbè et d'Eurybia, elle est aussi
une divinité lunaire, mais dont le culte s'est évidemment enrichi aux dépens de quelque religion locale.
Feu d'Eckstein l'associe à je ne sais quelle puissance
nocturne et souterraine, adorée des Chamites; la
mythologie postérieure lui a donné trois formes, trois
noms et une surveillance mystérieuse sur les chemins
de la terre et des enfers. Son histoire serait un beau
sujet de recherches; il nous suffit ici qu'elle se rattache
étroitement au groupe de nos Titans lumineux.

Ces dieux du ciel, du soleil, des astres, qui les a remplacés, sous le règne de Zeus? Des synonymes, d'autres épithètes du ciel, du soleil et des astres; leurs propres enfants ou leurs congénères : Phœbos-Apollon et Artémis, nés de Latone et de Zeus; Héraclès, né de Zeus et de la Forte (Ἀλκμήνη), sans doute la Terre, ou la Lune, si l'on tient compte de la fin du mot; Hermès qui tient de près à Hécate, qui est mêlé aux mythes solaires, fils, comme on sait, de Zeus et de Maïa, la Grande, la Terre encore. La mythologie tourne toujours dans le même cercle; elle est, comme toute chose humaine, contenue entre la Terre et le Ciel.

Pour n'y pas revenir, nous examinerons les légendes et les noms d'Apollon et d'Héraclès; ces dieux sont liés de près à la véritable lutte titanique entre la lumière et les nuages; nous retombons avec eux dans le grand orage qui retentit d'un bout à l'autre des *Védas*.

Apollon, celui qui détruit; Alexicacos, celui qui guérit; Pæan, celui qui frappe; Oulios, le salubre; Phœbos, le brillant; le dieu Délios, qui fait voir; le dieu du jour, Lycios, procède de Sourya ou de Savitri, « dont la chevelure est couronnée de rayons. »

« Détruis le mal qui me ronge le cœur et pâlit mon visage! » dit un hymne au soleil; et ailleurs (s. III, l. VIII, h. X) :

« J'ai vu ce dieu à l'aigrette d'or essayer ses traits. Et moi j'ai répandu sur lui l'onction immortelle (le beurre clarifié).

13*

« Je l'ai vu sortir de son asile secret, et bientôt s'environner de rayons comme d'un riche troupeau. (Apollon berger.)

« Qui donc a enlevé ces vaches qui se sont trouvées sans pasteur ? (Hermès dérobant le troupeau d'Apollon.)

« Des ennemis avaient rejeté au rang des mortels celui qui est le roi des êtres et l'espoir des nations. » (Apollon exilé chez Admète.)

C'est encore partie à Apollon, partie à Hermès, que semble se rapporter ce passage d'un hymne funéraire (s. VII, l. VI, h. XII) : « Pouchan naît, il a étendu les voies du ciel et de la terre; il s'avance entre les deux mondes; voyageur universel, il connaît toutes ces régions.

« O trépassé, que ce pasteur du monde, qui sauve tout son troupeau, t'emporte loin de ces lieux, te protége et te conserve partout où s'étend son empire ! »

Comme le meurtrier du serpent Python, Héraclès est un dieu solaire; son nom nous dit qu'il est la gloire des airs. Ces bœufs qu'il enlève à Géryon et à Cacus (1), ce sont les vaches célestes des *Védas*. Les pommes des Hespérides qu'il ravit, ce sont encore les troupeaux (μῆλα), devenus fruits par la rencontre de deux sens dans le même mot. Les monstres qu'il tue

---

(1) Michel Bréal, *Hercule et Cacus.*

ou qu'il dompte, l'Hydre, Orthos, Cerbère, le Lion de Némée, ce sont les dragons de la nue orageuse, Ahi, Vritra, Schécha, Sambara, qu'Orphée confondait dans l'antique Ophionée. Rapprochez encore Persée tuant Méduse et délivrant Andromède du monstre marin, Bellérophon vainqueur de la Chimère, les Argonautes allant à la conquête de la Toison gardée par deux serpents, et même les Argiens, devant Ilion, combattant pour la possession d'Hélène; les dix ans de la guerre des Titans sont aussi les dix ans de la guerre de Troie. Dans ces personnages et ces aventures, il y a un reflet de très-antiques souvenirs.

Hésiode a rangé parmi ses Titans Océanos, dont il fait le fils aîné de Gaïa et d'Ouranos; père des fleuves et des nymphes répandues sur toute la terre, Océanos représente l'eau douce, comme Pontos l'eau salée. Celui-ci est étranger à la mythologie âryenne primitive, car elle n'a point connu la mer. Le *Samoudra* (συνύδριον) védique n'a été, dans le principe, que le cours de l'Indus. Pour Océanos, bien qu'il soit tentant d'y retrouver le mot ὠκύς, qui caractérise la célérité d'Achille et de l'eau, des savants autorisés y voient une divinité phénicienne, ce qui expliquerait pourquoi Hésiode ne le mêle pas à la querelle des Titans. C'est une puissance tranquille, dont rien ne trouble la quiétude, ni les violences des enfants de Pontos, ni les jeux de ses filles et des belles Néréides. Le vieux couple d'Océanos et de Téthys ressemble beaucoup à Ouranos et à Gaïa lorsqu'ils se sont retirés de la divinité active; ce sont des contemplateurs, des donneurs de conseils; tout au plus se boudent-ils entre eux, si l'on en croit Homère, qui place dans la bouche de Héra les paroles suivantes *(Iliade,* XIV) :

« Je vais aux confins de la terre féconde voir Océanos, père des dieux, et la mère Téthys, qui m'ont nourrie et élevée dans leurs demeures, m'ayant reçue de Rhéa, lorsque Zeus à la vue perçante précipita Cronos dans les abîmes de la terre et de la mer stérile. Je vais les voir, et terminer leurs querelles jusqu'ici sans juge. Depuis longtemps déjà, ils s'abstiennent de la couche nuptiale; la colère s'est abattue sur eux. Si mes paroles les rendent aux amoureux embrassements, ils m'appelleront à jamais chère et vénérable. »

Les véritables maîtresses des mers, ce sont les nymphes, figures vaporeuses de l'atmosphère, dont le caprice grec s'est plu à embellir les eaux; puis Triton, Amphitrite, proches parents du dieu indien Trita et d'Athènè Tritonis; c'est surtout Poseidon, très-ancienne divinité nationale, dont les tourbillons aériens ont dû être le premier séjour.

§ IV. — PROMÉTHÉE.

Un Titan nous reste, dont le nom est une énigme : Iapétos. Est-ce un personnage mythique? Est-ce un dieu ou un homme, antique patriarche de nos races? Son existence n'a pas laissé de traces dans la poésie indienne; si c'est lui que la Bible mentionne sous le nom de Japhet, il faut que son souvenir, encore présent aux Sémites, n'ait pas survécu à la migration hellénique. Homère, appuyant Hésiode, le relègue avec Cronos dans le Tartare, comme un dieu vaincu; mais il est considéré par la poésie postérieure comme l'aïeul des hommes. Il y a là une difficulté qui ne peut guère être résolue. Cependant l'hypothèse mythique est la plus probable : le nom peut-il être interprété comme une corruption de Dyauspitar? c'est bien invraisemblable. Dans la forme où il nous est parvenu, on retrouverait encore l'idée de marche et de rapidité, qui s'associe bien à celle de Ciel et de Soleil.

Au reste, les fils de Japet, surtout Prométhée, font toute l'importance de leur père.

Les poètes grecs et, à leur suite, les mythologues modernes ont toujours considéré le mythe de Prométhée à la fausse lumière de l'évhémérisme et du symbolisme. Ces deux systèmes sont ici d'autant plus séduisants qu'ils côtoient d'assez près, comme nous le verrons, la vraisemblance. En effet, la légende de Prométhée est née d'un événement réel, qui serait historique si l'on en avait conservé la date, et dont l'homme fut l'agent principal; Évhémère, qui veut que les dieux aient été des hommes, bénéficie de ce hasard. D'autre part, les noms de Prométhée, d'Épiméthée (qui fut créé pour faire pendant au premier), s'expliquant sous cette forme par des racines grecques, et le personnage de Pandore, sans doute d'origine assez moderne et toute symbolique, achevant l'illusion, les poëtes ont pu s'emparer de la vieille fable comme d'une ingénieuse allégorie, et l'embellir tour à tour. Ainsi, Prométhée est devenu le créateur de la race humaine, ou du moins l'ami des hommes, un médiateur, un Christ, puis l'emblème du génie persécuté. Eschyle raconte qu'il fut l'allié de Zeus dans la guerre des Titans ; que, par ses conseils, Cronos fut précipité dans le Tartare ; mais qu'il s'opposa à la destruction des mortels, leur donna l'aveugle espérance et le feu. Euripide *(Ion.,* sc. VIII) invoque Athèné, « que le grand Zeus, aidé du Titan Prométhée, fit sortir de sa tête. » Ces fragments de la tradition, dont quelques-uns sont oubliés par Hésiode, ont leur valeur ; ils rapprochent Prométhée de la foudre que Zeus lança sur les Titans, d'Héphaistos, le dieu du feu, qui enferma l'espérance dans la boîte de Pandore et qui, selon la mythologie vulgaire, fendit le crâne à Zeus pour ouvrir une issue à Pallas. Au commencement de son drame, Eschyle a soin de faire dire à Héphaistos : « Prométhée est un dieu à qui le sang me lie, parce qu'il est fils de Thémis. » Hésiode dit Clymène ; mais les deux noms désignent sans doute la Terre, tout comme Japetos désigne le Ciel. Un scholiaste d'Homère (*Iliade* XIV, 295) fait Prométhée fils de Héra, violée par Eurymédon : l'atmosphère ou la vapeur, ou la nuit (selon quelques hypothèses très-séduisantes, la Terre), unie avec celui qui commande au loin, c'est-à-dire le Ciel. (Eurymédon et Ouranos renferment la même racine et le même sens.)

Un dieu, fils du Ciel et de la Terre, comme la plupart des autres, frère du dieu du feu, conseiller du dieu de la foudre, voilà donc ce qu'est Prométhée ; et il n'y aurait pas à s'occuper de lui davantage, si deux faits n'accentuaient singulièrement son personnage : le vol du feu, le supplice. Il faut aussi rendre compte de la scène qui se passe à Mécone, entre les dieux et les hommes.

Prométhée déroba dans une férule creuse, autant dire un roseau, l'éclat du feu qui se voit de loin. Cette circonstance est difficile à expliquer si l'on n'a recours aux antiques souvenirs consignés dans les *Védas* ; c'est là que l'on rencontre le nom qui s'est corrompu et allongé en Prométhée, Pramantha, lequel n'implique ni la sagesse ni le don de prophétie, mais seulement l'action de faire tourner le tison sacré dans un morceau de bois creusé, d'où le frottement fait jaillir la flamme. Cet appareil, toujours usité dans les sacrifices brahmaniques, constitue évidemment le roseau creux, la férule de Prométhée ; il me semble qu'il est aussi le principe de la fable ou Prométhée et Héphaistos se trouvent concourir à la naissance d'Athènè. La vierge éclatante et toute armée, c'est la flamme qui s'élance de l'*arani* ou matrice fécondée par le tison. Dans les chants védiques, c'est Agni, ou Pouchan, ou Vichnou, ou Indra lui-même qui naît du sacrifice et qu'on arrose de sóma et de beurre clarifié. À ce dieu de l'autel s'appliquent des traits sans nombre épars dans tout le recueil des hymnes. C'est le héros à l'aigrette d'or, c'est le corps même de la lumière, le soleil terrestre, l'essence de la vie, celui qui réunit la terre et le ciel, qui parcourt l'étendue, enfin qui nourrit les hommes et les dieux. Dans ce torrent de louanges, on sent encore déborder l'enthousiasme que dut exciter la découverte du feu : « Étendu sur un lit de branchages, il s'entoure de tous les rayons qui naissent du foyer, se dévoile, monte rapidement vers le ciel ; trois fois ses splendeurs s'élancent dans ce vaste espace, qui est la demeure solide de Varouna ! » (S. VI, l. III, h. X.) « Agni, tu es l'illustre Vichnou ! Agni, tu es le royal Varouna, tu es Mitra, tu es Aryaman, le maître de la piété, un reflet, une forme ; tu es Roudra, qui règne dans les airs et qui dispense la vie ; tu es la force des Marouts ; tu es Pouchan... tu es maître de tout ; tu es les Adityas ! Les dieux ont pris ta bouche et ta langue pour dévorer l'offrande. » (S. II, l. V, h. IX.)

Songez à ce qu'était l'homme avant le feu, avant que le premier incendie allumé par la foudre, ou la conflagration spontanée des branches entre-choquées par le vent, ou l'étincelle qui jaillit sous les pieds du cheval, eussent frappé l'esprit imitateur de nos ancêtres. L'idée du frottement leur fut suggérée par quelqu'un de ces spectacles ; et ce seul trait de génie a suffi pour soumettre la nature à l'homme. La découverte du feu marque évidemment le passage de l'existence animale à la vie humaine. Elle est postérieure sans doute à l'âge de la pierre éclatée et du cuivre natif martelé ; elle ouvre l'ère des industries et des arts. On n'a pas conservé le nom de celui qui fut le bienfaiteur de ses semblables, et les hommes avaient-ils des noms dans ces temps sauvages ? Mais le mot qui désignait l'humble agent du sacrifice, *Pramantha*, a franchi les âges et est venu s'incarner dans l'admirable figure de Prométhée ; il était digne d'un tel honneur.

Pour nous, la découverte du feu fut l'origine du culte, et ce n'est pas le plus heureux de ses résultats. Il y eut nécessairement une époque plus ou moins longue où la confection du foyer, l'entretien du feu absorbèrent toute l'intelligence humaine ; la conservation de ce trésor était le principal soin de la vie ; chaque famille avait son feu, qu'elle allumait pour elle, qui était son centre, son bien et son palladium, qui devint bientôt son emblème. En jouissant du feu, on s'habitua à l'adorer, à le présenter aux dieux lumi-

neux comme ce que l'homme possédait de plus semblable à eux-mêmes. On le confondit avec ces génies
aériens, on en fit le principe même de la vie, l'âme,
la partie immortelle des êtres animés ; on vit le corps
glorieux des ancêtres dans le rayonnement du foyer
domestique ; et à la juste intuition de nos conditions
d'existence, on ajouta de vaines illusions, tenaces
parce qu'elles sont fondées sur l'amour de la vie.

Mais comment la découverte du feu fut-elle considérée comme un vol ? C'était une conquête sur les
fatalités extérieures, un asservissement partiel des
forces de la nature, la participation à un bien dont le
dieu de la foudre devait être jaloux. Dès que le personnage de Prométhée se fut formé, il devint un subtil magicien qui, par la puissance de sa prière ou de
son évocation, avait ravi la flamme, à peu près
comme on a dit de Franklin : *Eripuit cœlo fulmen*,
il a dérobé au ciel sa foudre. Rien de plus conforme
à cet anthropomorphisme qui dominait alors, faute de
science suffisante, les rapports de l'homme avec le
monde extérieur. Jugeant tout d'après lui-même,
l'homme, être actif, unité pensante, ne pouvait pas
ne point attribuer aux choses des intentions et des
volontés.

Prométhée a donc volé le feu, c'est un fait acquis ;
ce larcin le constitue ennemi des dieux, au même
titre que les dragons princes de la nue, détenteurs
des eaux célestes. Il sera donc puni comme eux ; de
là son supplice, qui sera justement emprunté à son

œuvre ; la colonne où Zeus l'attachera, c'est un des supports du foyer qu'il a construit, ou le trépied qui rassemblait la famille autour de lui durant les longues soirées, ou le poteau des criminels. Les traditions recueillies par Eschyle, et qui placent le martyre de Prométhée sur le Caucase, indiquent peut-être la région où le mythe grec s'est formé, durant une des haltes de l'émigration hellénique à travers l'Asie. Au reste, qui sait s'il n'y avait pas de Caucase dans l'Himalaya ou ailleurs ? La même réflexion s'applique au Bérécynthe, lié à la légende de Cybèle, et à ces montagnes d'où les dieux et les Titans se combattirent dix ans, l'Olympe et l'Othrys. On connaît plusieurs Olympe comme plusieurs Ida. Ces noms, qui peut-être désignaient des nuées, ont suivi les Grecs dans leurs voyages, et se sont fixés çà et là dans les pays traversés, surtout dans les lieux volcaniques, où la lutte des Titans trouvait un théâtre commode. Une foule d'analogies, à peine soupçonnées aujourd'hui, ont transporté ces images incarnées, du ciel de la haute Asie aux champs phlégréens et aux montagnes thessaliennes. Quant à Prométhée, il n'est pas resté toujours sur le Caucase ; Sophocle, dans *Œdipe à Colone* (acte I, sc. II), nous apprend que toute l'Attique était consacrée à Poseidon et au Titan Prométhée. Les désignations locales n'ont donc que très-peu d'importance dans l'exégèse de la mythologie hellénique.

Faut-il penser qu'un fait historique soit consigné

dans cette assemblée des dieux et des hommes qu'Hésiode place à Mécone (près de Corinthe)? Le passage est-il interpolé? Y a-t-il eu dans les aventures des Grecs envahisseurs un incident de ce genre, un partage inégal de butin, une fraude dans le paiement de la dîme, peut-être réclamée déjà par les sacrificateurs? Le champ des hypothèses est ouvert; il suffit que les considérations précédentes jettent déjà quelque jour sur le mythe de Prométhée, sur ses éléments divins et humains, imaginaires et réels, sur la valeur des châtiments infligés par les dieux aux hommes, sur cette idée de la jalousie des immortels et du destin envieux, qui a joué un grand rôle dans les légendes.

§ V. — Famille de Zeus.

Il nous reste à jeter un rapide coup-d'œil sur la famille de Zeus; nous savons d'avance qu'elle sera à peu près calquée sur la famille des Titans, comme son chef sur Ouranos et Cronos, sur Iapétos même. Les divinités qui la composent sont, pour le moins, aussi anciennes que leurs formes correspondantes dans la dynastie factice qui les précède.

Parmi les épouses de Zeus, nous laisserons de côté Métis et Mnémosyne, bien qu'elles témoignent d'une très-ancienne divinisation de l'esprit humain ; elles répondent au *manas* sanscrit, et leur union avec Zeus nous indique un curieux procédé de l'anthropomorphisme pour assimiler à l'homme le monde extérieur. Zeus, époux de Métis, amant de Mnémosyne, c'est le ciel doué d'intelligence. Ces deux noms, demeurés trop près de la langue usuelle, n'ont jamais pu, à vrai dire, constituer de divinités véritables, non plus que Gaîa, par exemple, ou Gè, la Terre, compagne d'Ouranos. Comme Métis et Mnémosyne se sont absorbées dans Athènè et dans les Muses, Gaîa, tout en gardant des temples et un culte particuliers, s'est absorbée dans Cybèle, qu'Hésiode ne semble pas avoir connue, dans Théia, dans Thémis, dans Rhéa et dans Dèmèter, la puissante déesse d'Éleusis, associée par les Mystères à Dionysos, autre forme de Zeus.

Rhéa est la mère de Zeus, Dèmèter est l'une de ses femmes. Elle répond exactement à *Zeuspater (Diespiter)* comme *Gômâtar* répondrait à *Dyaushpitar*. C'est la terre mère :

Γῆ καρποὺς ἀνίει, διὸ κλήζετε μητέρα γαῖαν.

La Terre fait pousser les fruits, chantez la Terre mère !

L'explication symbolique des aventures de Perséphonè, sa fille, est assurément commode. L'agréable allégorie des moissons que l'on met en terre et qui sortent du sillon au printemps a été dès longtemps proposée; mais elle s'associe mal avec ce nom terrible qui respire le meurtre et la destruction; c'est quelque chose comme la nuit malfaisante, épouse d'Aïdès, celui qu'on ne voit pas. Plusieurs dieux ont deux faces, l'une bienveillante et l'autre farouche. Varouna, dans les Védas, Hécate, Artémis, dans la mythologie grecque, ont un caractère mixte, douteux, inquiétant. Aïdès est le visage sombre du ciel éclatant, c'est Zeus Chthonios ; et Perséphonè, autre Hécate, est la figure sinistre de la Lune, de la Nuit ou de la Terre.

Latone, un des noms de la nuit aussi, mais un de ses masques les plus tendres, est aimée de Zeus ; elle lui donne Phœbos et Artémis. Nous avons parlé plus haut de ces dieux célèbres, doublés par Hypérion, Hélios, Phœbé, Séléné, Hécate. Notons le nom assez difficile a expliquer d'Artémis ; on dirait la corruption de la forme superlative d'un thème *Ar*, dont le mot ἀρείων est le comparatif, et dont Arès représenterait le simple. Le grec ayant abandonné la terminaison en *tamas*, que les Latins ont gardée *(optimus, ultimus)* pour la forme ιστος (ἄριστος), le mot âryen s'est corrompu, et d'*Artamâ* ou *Artamî* s'est affaibli en Artémis, qui serait ainsi l'excellente, la très-forte.

On ne sait pas encore au juste quelle est Héra; l'analogie porte à l'assimiler à Gaïa, Rhéa, à la Terre ; Hésiode nous dit qu'elle nourrit l'Hydre de Lerne et le Lion de Némée. La Terre aussi nourrissait les Hécatonchires et les Titans. L'inimitié de Héra con-

tre Héraclès, ses perpétuelles brouilles avec Zeus,
ressemblent beaucoup à la rébellion de la Terre contre Ouranos. Ses fils, Arès, le vigoureux, et Héphaistos (celui qui brûle en touchant), ne seraient pas
sans rapports avec le soleil et la foudre ; Phœbos est
un guerrier, au même titre que Arès. Quant à Hébé,
c'est l'éternelle jeunesse du monde, la puberté de
l'année, le printemps des choses et de l'homme. Ici, le
symbolisme semble être d'accord avec l'exégèse.

Une épouse bien connue de Zeus, qu'Hésiode ne
mentionne cependant pas à ce titre, c'est Dionè, dont
le nom a tant d'affinité avec ceux de Dionysos, de
Juno et *Diana* ; dans le poëme qui nous occupe, elle
n'est qu'une Océanide ; toutefois, au début, elle figure
parmi les grands dieux. C'est une forme féminine de
Zeus *(Dyaunî)* et un exemple, rare chez les Grecs,
d'un procédé très-ordinairement employé par les
poëtes védiques pour créer des déesses. Tous les puissants dieux du haut Indus ont, de cette manière, une
compagne fidèle et inséparable. Varounanî, Indranî,
et ainsi de suite, suivent Varouna et Indra comme
leur ombre. Les femmes portent le nom de leurs
époux et absorbent en eux leur personnalité. Dionè,
c'est Zeus femelle.

Nous sommes loin d'avoir épuisé notre sujet ; mais
notre but est atteint si nous avons inspiré au lecteur
quelque goût pour les problèmes mythologiques.
L'histoire des inventions religieuses est un champ
immense où nous avons voyagé plus encore en curieux

qu'en savant, heureux d'un rapprochement, d'un de
ces chocs de mots et d'idées d'où jaillit la lumière,
très-bienveillant et très-indulgent pour ces beaux
dieux qui ont eu tant de part à la gloire des Grecs, à
leurs arts et à leur littérature, dieux lumineux, forts,
assis sur le siége à jamais stable de la terre, et dont
les grandes figures survivront, sans doute, à plusieurs
des entités que l'homme a bien voulu encenser. Sous
le splendide vêtement des mythes sans nombre, le
chercheur retrouvera toujours quelque poétique image
de la réalité ; rien de contraire à la nature, qui est,
bien entendu, antérieure à la morale de la famille et
de la société ; partout l'épanouissement d'une imagination jeune devant le spectacle du monde.

Et si les esprits timorés, qui nous accuseront volontiers de hardiesse et d'outrecuidance,

> Avec quelle irrévérence
> Parle des dieux ce maraud !

nous menaçaient du sort de Phaéthon, foudroyé
pour avoir voulu éclairer l'univers, nous leur répon-
drions, en rétablissant dans sa grâce première le
mythe charmant dont ils ignorent le sens :

« Indra réduit en poudre la fille du Ciel, l'Aurore,
qui se faisait grande. L'Aurore, frappée, tombe de
son char ; le char brisé s'affaisse dans la Vipâsâ, qui
coule au loin. » (S. III, l. VI, h. XII.)

N'est-ce pas là l'innocente origine de la légende
embellie et dénaturée par Ovide ? Une image, une

métaphore inoffensive. L'aurore, cette sœur aînée de
Phaéthon, disparaît tous les jours sous l'éclat du soleil
qui monte, et tous les jours elle reparaît sans redou-
ter son sort. Nous ne nous plaindrons pas, nous nous
réjouirons, si notre humble aurore est éclipsée par
une lumière plus grande.

III

NOTIONS PHYSIQUES.

§ Iᵉʳ. — Cosmogonie et Géographie d'Hésiode.

Nous avons considéré la Théogonie d'Hésiode sous
le rapport des mythes, dégageant le vieux fonds
âryen, védique, des enjolivements, souvent ingénieux,
souvent bizarres aussi et incohérents, dus à l'imagination grecque. Toutes les légendes réduites à leurs
éléments réels, tous les synonymes écartés, nous res-
tons en présence de trois ou quatre, dirons-nous
dieux ? non ; de trois ou quatre choses irréductibles,
entre lesquelles l'esprit humain a, dès le principe, tenté
d'établir des rapports. Ce sont d'abord le Ciel et la
Terre, ceux que le Rig-Véda nomme les « éternels compagnons de voyage » et « les grands parents du

monde ; » puis les astres, surtout la lune et le soleil ; puis les eaux, la mer, les fleuves ; enfin, en face de ces choses, l'homme qui cherche à les connaître.

La cosmogonie d'Hésiode est beaucoup plus simple que sa théogonie, comme on a pu s'en apercevoir ; mais elle ne manque pas de grandeur.

Au commencement, il n'existait que le Chaos, mélange confus de tous les éléments des choses ; ensuite apparut la Terre, indispensable à la manifestation de la vie, « siége solide des dieux et des hommes. » Avec la terre se manifesta l'Amour ou le Désir, sans lequel il n'y a point de formes vivantes. En même temps, de l'Érèbe et de la Nuit, qui environnaient le Chaos, la lumière du jour se dégagea. Alors la Terre produisit, engendra, le Ciel égal à elle-même, afin qu'il la couvrît tout entière et abritât de sa voûte les immortels et les mortels. Du Ciel et de la Terre naquirent les ondes et les astres, principalement le soleil et la lune ; mais aussi les Hécatonchires et les Cyclopes, les tourbillons et les tonnerres.

A cette époque reculée, le Ciel et la Terre se touchaient, et le poète suppose que la Terre était lasse de porter le poids de l'univers et de renfermer en son sein, pour ainsi dire, comme un chaos nouveau. Enfin, la séparation eut lieu, mais non sans lutte violente, sans convulsions volcaniques ; on ne peut se tromper ici sur la pensée d'Hésiode, lorsqu'il nous montre les serpents qui s'élançaient du cou de Typhée, père des ouragans, lorsqu'il décrit si exactement l'effet des trombes, des tremblements de terre et des tempêtes. La faux de Cronos et la foudre de Zeus jouent le même rôle ; elles purifient et allègent l'atmosphère. Le divorce apparent de la Terre et du Ciel ne supprima pas la fécondité ; de même qu'Hésiode a fait naître l'Amour immédiatement après la Terre, il amène maintenant chez les hommes et les dieux la beauté, véritable objet de l'Amour, qui se dégage des vagues, comme la figure tracée par le peintre se dépouille peu à peu des hésitations de l'ébauche. Il y a eu succession d'efforts vers l'équilibre et l'harmonie ; les forces titaniques, les monstres vomisseurs de flammes, qu'on n'a pu complétement détruire, qui même sont immortels, ont du moins été enchaînés par la puissance lumineuse ; ils sont relégués dans les profondeurs, aussi loin sous Terre que le Ciel est au-dessus du sol. La vie régulière peut désormais commencer ; les hommes et les dieux, qui sont nés en même temps, et qui jusqu'alors ne se devaient rien, vont pouvoir s'entendre pour vivre en bonne intelligence. Les dieux se chargeront de contenir les rébellions de l'abîme, qui sont des dangers pour tous, de diriger les puissances de la nature, de veiller sur les chemins (Hécate), d'assurer la sécurité de l'homme, moyennant quoi les humains nourriront les dieux de fumée et de graisse odorante. Voilà une convention qui a duré longtemps, qui dure encore, et les hommes ne se sont pas encore aperçus qu'ils n'y avaient rien gagné. Mais nous avons dit plus haut quelle idée les contemporains d'Hésiode se faisaient des dieux ; nous dirons ailleurs comment ils se gouvernaient entre eux ; voyons ce qu'ils savaient et ce qu'ils pensaient de la Terre, du Ciel et des Eaux.

La Terre est large, sans bornes, solide ; son nom, en grec, exprime la fécondité (celui qui lui correspond en sanscrit signifie vache). Elle a produit la mer (Pontos) et les montagnes un peu après avoir produit le Ciel. Dans ce qui nous reste d'Hésiode, il n'y a aucune indication sur sa forme ; il passait pour l'avoir crue ronde (στρογγύλην) ; Pythagore le premier, écrit Diogène de Laërce, a appelé la terre ronde ; selon Théophraste, ce serait Parménide ; selon Zénon, Hésiode.

Le Ciel, puisqu'il est égal à la Terre, est vaste aussi, étendu (c'est le sens de son nom). Il est de plus étoilé, couvert d'astres ; il a des yeux sans nombre. Cette image si naturelle a donné lieu au mythe d'Argos, tué par Hermès, comme Ouranos fut mutilé par Cronos.

Les Eaux sont de deux sortes, représentées par les deux familles d'Océanos et de Pontos ; Pontos est la mer stérile, amère, sans moissons, féconde en monstres épouvantables. Océanos est, en général, l'eau, l'eau rapide des fontaines, des fleuves, le réservoir des ondes bienfaisantes qui sont partout répandues sur la terre, sous le noms de Nymphes et des trois mille Océanides. Mais les deux vieilles divinités, qu'elles soient d'origine grecque ou sémitique, se

sont rapidement confondues ; filles de la Terre, elles
sont intimement liées à elle, et distinctes d'abord des
eaux célestes représentées par Poseidon. Cette division entre les vapeurs de l'atmosphère et les ondes
terrestres était si simple qu'elle a sauté aux yeux de
tous les peuples ; mais les grecs semblent avoir rapidement compris leurs échanges sans fin et leur
identité de nature. Déjà Hésiode exprime cette
vérité physique en donnant à Océanos, à Pontos, à
Poseidon, une origine pareille et surtout des racines
(c'est le mot dont il se sert) entrelacées de toute
éternité.

Un nœud incréé, solide, joint les racines de la
Terre et du Tartare, de la mer et du ciel, et forme
comme un seuil d'airain aux demeures de la mort et
de la nuit.

« Le Tartare est ceint d'une barrière d'airain (1)
(œuvre de Poseidon, qui a construit aussi les murailles d'Ilion et n'est pas étranger à celles d'A-
thènes) ; autour de son cou, que la nuit enveloppe
d'un triple circuit (origine des replis du Cocyte), ont
pris naissance les racines de la Terre et de la mer
stérile.

« Dans le lieu où sont gardés les Titans sont les
sources et les limites de la terre opaque, du Tartare
sombre, de la mer stérile *(Pontos)* et du Ciel étoilé,

---

(1) VIRGILE, *Énéide*, VI, 554.

sources et limites mornes, terribles, que les dieux mêmes détestent. Ouverture énorme. » (1)

La succession des jours et des nuits ne dépend pas du soleil et de la lune; les astres sont lumineux, assurément; mais le jour et la nuit sont des phénomènes terrestres; ce sont deux choses, deux dieux qui remplissent volontairement un office alternatif. Cette physique enfantine est exposée dans un curieux passage :

« Devant les portes du Tartare, le fils de Iapet soutient le ciel vaste, debout, sur sa tête et ses mains infatigables, sans plier, là où la Nuit et le Jour, se rencontrant, se parlent l'un à l'autre, lorsqu'ils se croisent sur le grand seuil d'airain : l'un est sur le point de rentrer, l'autre sort, et jamais la demeure ne les renferme à la fois tous les deux. Il y en a toujours un dehors, en tournée sur la terre, tandis que l'autre, en dedans, attend l'heure du départ. » (Une conception de ce genre se retrouve dans les Védas.)

Où Hésiode plaçait-il son Tartare, dont le nom, comme plusieurs autres en grec et en latin (*Marmor, Marmar (Mars), barbarus*, etc.), semble un vestige du langage primordial où le mot, analogue au cri, se répétait plusieurs fois de suite, pour être mieux

---

(1) Le mot χάσμα, *hiatus*, a été rapproché de χάος (comme χάσμα, par exemple, de φάος). Le chaos ne serait que l'abîme, l'ouverture d'où le monde est sorti; c'est pourquoi il subsiste après l'émission des formes. « Au-delà du chaos sont enfermés les Titans. » *Théog.*, 814.

entendu ? Évidemment, sous la terre : « Et il ne regagnerait pas, en toute une année, la surface terrestre, celui qui aurait passé les portes fatales. Il risquerait d'être emporté de tempête en tempête par un tourbillon furieux. » La terre se trouvait située à moitié chemin entre le Ciel et le Tartare. « Il faudrait à une enclume d'airain neuf nuits et neuf jours pour descendre du Ciel à la Terre ; elle n'atteindrait le sol que le dixième jour. De même, une enclume d'airain, tombant de la terre, voyagerait neuf jours et neuf nuits et ne serait rendue au Tartare que le dixième jour. »

Le voisinage d'Atlas et des Hespérides indique dans quelle direction il faut chercher le seuil du Tartare ; c'est vers l'Occident, aux régions inconnues où Héraclès dressa deux colonnes, jambages de la porte construite par Poseidon. L'allusion à des tempêtes Tartaréennes, qui sépareraient la Terre du séjour de la nuit et des mânes, implique une confusion avec la mer, avec Océanos. Et, en effet, une partie des eaux du grand fleuve, la dixième, forme le domaine de Styx et s'échappe dans le Tartare par une fente du réservoir, tandis que les neuf autres « à l'entour de la terre et du vaste dos de la mer tombent dans Pontos en tourbillons d'argent. »

Le monde ainsi conçu rappelle assez l'œuf indien, connu aussi d'Orphée et qu'Aristophane mentionne dans les *Oiseaux*, vers 693. Brisé ou fendu en deux par Cronos, il forme d'une de ses moitiés la Terre et le Tartare, de l'autre le Ciel. Entre les deux se manifestent l'amour et la fécondité. Hésiode avait écrit un poëme sur l'astronomie et un voyage autour du monde ou Périple ; il n'en reste malheureusement que très-peu de vers et quelques indications glanées çà et là dans les commentateurs et les grammairiens. On en est donc réduit à conjecturer qu'il concevait la distribution des peuples sur la terre à peu près comme les auteurs des chants homériques. On croit qu'il a parlé des Hyperboréens ; il connaissait le Péloponèse plus complétement qu'Homère ; il a décrit exactement, dit Strabon, le Céphise, fleuve de Phocide. Il cite le pays des Tyrrhéniens (Étrurie) et l'île de Circé. En somme, il a plus ou moins exploré ou connu le bassin central de la Méditerranée.

Les *Arimes*, dont il est parlé au vers 304, seraient, selon Strabon, une région de Syrie. Virgile a transformé ἐν Ἀρίμοις en un seul mot, dont il fait le nom d'une montagne : « Typhée est accablé sous l'énorme masse de l'Inarimè. »

Des vingt-cinq fleuves cités parmi les fils d'Océanos, deux appartiennent au Péloponèse, l'Alphée et le Ladon ; deux à la côte occidentale de l'Hellade, l'Achéloos et l'Évènos ; trois à la Thrace ou à la Macédoine, le Strymon, le Nessos, l'Aliacmon ; un à la Thessalie, le Pénée ; deux à la Scythie, l'Ister et l'Ardescos, qui descend des monts Riphées ; un à l'Italie, l'Éridan ; un à l'Égypte, le Nil ; tout le reste à l'Asie-Mineure et surtout à la Troade : le Phase, l'Ésopos, le Granique, le Sangarios, le Parthénios, l'Hermos, le Méandre, le Rhésos, le Rhodios, l'Heptaporos, le Caïcos, le Simoïs, le Scamandre. On peut conclure de cette nomenclature que les Grecs se souvenaient encore d'un séjour plus ou moins long en Asie, et que le corps de leur nation habitait plus encore la Thrace, la Macédoine, la Thessalie et l'Épire que l'Hellade et le Péloponèse.

§ II. — COSMOGONIE VÉDIQUE.

Plusieurs des idées cosmogoniques d'Hésiode sont le domaine commun de toutes les nations Aryennes, et des chants védiques d'une physionomie très-primitive en font foi. Les hypothèses de Tartare et d'abîmes doivent tout d'abord être écartées, puisque l'antique Arye était isolée de toute mer et de tout océan ; elles sont évidemment postérieures à la dispersion de nos races. Mais la Terre et le Ciel occupent exactement la même place dans la science des Védas que dans le poëme d'Hésiode, c'est-à-dire la première. Ce n'est pas de ces compagnons indestructibles que le poète âryen oserait dire : « Chantons les naissances des dieux qui, célébrés par nos hymnes, verront le jour dans l'âge à venir ! Les dieux existants naissent de ceux qui n'existent plus et qu'a vus l'âge précédent. »

15·

(S. VIII, l. III, h. I.) Non ; il n'y a rien de transitoire dans la divinité, dans la nécessité, de la Terre qui nous porte et du Jour qui nous éclaire. Aussi, écoutez les témoignages qui leur sont rendus à toutes les pages du vaste recueil védique :

« Je chante en premier lieu le Ciel et la Terre (s. I, l. VII, h. 18) ;

« Le Ciel et la Terre, ces deux grands compagnons de voyage (s. V, l. VIII, 2) ;

« Le beau couple de la Terre et du Ciel (s. V, l. I, 5) ;

« Le Ciel et la Terre, époux immortels, invincibles (s. II, l. VIII, 13) ;

« Le Ciel et la Terre, auteurs de tous les biens (s. III, l. I, 9) ;

« Le Ciel et la Terre, divins et immortels parents de la nature (Ib. Ib., 19) ;

« Le Ciel et la Terre, qui ont les dieux pour enfants (s. VII, l. VI, 6) ;

« La Terre est la mère commune, le Ciel est le père (s. I, l. II, 9) ;

« Le Ciel et la Terre, grands et sages, aïeuls fiers de leur heureuse fécondité, fidèles à leur devoir de soutenir tous les êtres animés et inanimés (s. II, l. III, 2) ;

« Auteurs de toute félicité, trésors de bonté, habiles à soutenir les mondes; grands, larges et distincts; fécondés par le soleil, et nommés taureau vigoureux et vache de fécondité (Ib. Ib., 3). »

On ne saurait se méprendre sur d'aussi frappantes concordances ; la plupart des épithètes d'Hésiode sont des souvenirs et des reflets védiques. Il serait facile de dresser, pour tous les grands dieux qui représentent le soleil, le feu, l'air, le vent, un acte de naissance particulier et identique : tous, ils sont fils du grand couple :

« Le Ciel et la Terre, honorés par les anciens sages, et aujourd'hui vénérés par les pontifes dans leurs assemblées et au moment du combat, à la fois unis et séparés, éloignés et voisins, toujours jeunes ; dans cette carrière qu'ils fournissent ensemble, ils se disent : « Soyons époux ! » Et, aussitôt, tous les êtres apparaissent au jour ; sans peine, le Ciel et la Terre ont produit les grands dieux ! » (S. III, l. III, 15 *passim.*)

Aucun doute possible sur l'antériorité cosmogonique de la Terre et du Ciel à l'égard des divinités âryennes primitives ; et, si nombre d'hymnes appellent Indra ou Agni, ou Varouna, créateurs du Ciel et de la Terre, après les en avoir déclarés fils, cette contradiction fréquente suffit pour attester le grand nombre d'années, de siècles mêmes, qui séparent les chants réunis pêle-mêle dans le Rig-Véda. L'idée de création est évidemment postérieure au départ des Hellènes, Ioniens et autres tribus grecques, car on ne peut l'extraire de la Théogonie d'Hésiode, ni de tous les poëmes homériques. Au reste, les transitions abondent dans le Véda pour relier ces assertions contradictoires. On a dit d'abord que la lumière, et les dieux qui la représentent, avaient séparé, distingué le ciel et la terre ; elle les a manifestés ; elle les a, pour ainsi dire, créés. Mais cette lumière, l'homme la crée aussi, lui qui allume le feu du sacrifice ; ce feu est la partie vitale de l'homme, l'intelligence et l'énergie humaine *(Pouroucha, Porus)* ; c'est l'homme type, la virtualité idéale qui est véritablement l'auteur de toutes choses. Telle est la marche de l'esprit Indien laissé à lui-même, marche dont toutes les étapes sont marquées par un ou plusieurs hymnes, qui feraient de cette étude rapide un immense volume. Avant d'arriver à la conclusion fatale de cette série d'erreurs, hélas ! que la philosophie européenne a parcourue, et dans laquelle elle tourne comme en un cercle vicieux depuis les temps d'Anaxagore, les penseurs âryens s'étaient arrêtés sur la pente, sondant l'abîme de leur curiosité, se demandant à quoi servait de chercher un auteur au ciel et à la terre, et s'il ne faudrait pas lui chercher aussi une cause, c'est-à-dire rouler dans une spirale sans fin de créations sans issue. Il y a de très-beaux hymnes où nous retrouvons la trace de ces perplexités.

« De ces deux, quel est le plus antique, le moins âgé ? Comment sont-ils nés ? O poète, qui le sait ? Ils sont faits pour porter le monde ; tandis que le jour et la nuit roulent comme deux roues, tous deux, tranquilles et sans mouvement, contiennent des êtres doués de mouvement et de vie. (S. II, 1. V, 2.)

« O Ciel, ô Terre, grands et bons, pères des dieux, ce fut, sans doute, un excellent ouvrier, celui qui, au milieu des mondes, a engendré le Ciel et la Terre ! (S. III, l. VIII, 5.)

« Il n'existait alors ni visible ni invisible. Point de région supérieure, point d'air, point de ciel. Où était cette enveloppe, dans quel lit l'onde, les profondeurs de l'air ? Il n'y avait pas de mort, pas d'immortalité. Rien n'annonçait le jour ni la nuit ; lui seul respirait, ne formant aucun souffle, renfermé en lui-même. Il n'existait que lui.

« Au commencement, les ténèbres étaient enveloppées de ténèbres ; l'eau se trouvait sans impulsion. Tout était confondu. L'être reposait au sein de ce chaos, et ce grand tout naquit par l'intensité de sa *piété*.

« Au commencement, l'amour fut en lui ; et de son souffle jaillit la première semence. *Les sages, par le travail de l'intelligence, parvinrent à former l'union de l'être réel et de l'être apparent.*

« Qui connaît ces choses ? Qui peut le dire ? D'où viennent les êtres ? Cette création ? Qui sait comment elle existe ? » (S. VIII, lect. VII, 10.)

Le hardi poète en est-il plus avancé ? Il nage en plein dans ce panthéisme mystique qui, subtilisant le monde, cherche l'absolu de relatif en relatif et s'arrête à grand'peine au bord du néant, pour entendre Aditi, ou Paramâtma, ou Pouroucha, ou Brahma (tous ces noms sont les nuances diverses d'un même prisme), prononcer cette fameuse parole recueillie par Manou et placée en tête de son code : *Bahou syâm*, que je sois beaucoup !

A parler franc, ces efforts avortent ; la nature est incompréhensible ; elle est ; elle ne s'est pas multipliée soudain ; elle a toujours été « beaucoup. » A quoi reviennent donc ces Aditi, ces Paramâtma et autres dont il est dit :

« Aditi, c'est le ciel ; Aditi, c'est l'air ; Aditi, c'est la mère, le père et le fils ; Aditi, ce sont tous les dieux et les cinq espèces d'êtres ; Aditi, c'est ce qui est né et ce qui naîtra. » (S. I, 1. VI, 9.)

Aditi n'est autre chose que le chaos d'Hésiode, un nom pour représenter un état de choses que nous ne pouvons connaître, lequel a été précédé d'autres chaos également inconnus. Elle ne nous apprend rien de plus. C'est tout, et ce n'est rien ; car une somme n'est rien de plus que les parties qui la composent.

§ III. — DISCIPLES D'HÉSIODE.

On le voit, l'antique cosmogonie âryenne, véritable commencement de science, puisqu'elle ne préjuge rien et se borne à la constatation des phénomènes, nous a été plus fidèlement conservée par Hésiode que par les poètes védiques. Il a été très-légèrement atteint par le mysticisme, et seulement par celui qui est né du culte du foyer et des ancêtres, par le mysticisme moral. Quant au mysticisme métaphysique, cette peste de l'esprit, jamais il n'en a été affecté.

Une grande école de philosophes, jadis calomniée, et qui seule a su ouvrir la porte au progrès des sciences, l'école naturaliste de Démocrite et d'Épicure, à laquelle Aristote est et demeure lié, comme Bacon, Locke, Diderot, d'Holbach, Lamettrie, Helvétius, Condillac, Lamarck, Laplace, Wirchow, Moleschott, Büchner, et bien d'autres dont les noms sont moins illustres ou moins opportuns, s'est montrée l'héritière directe d'Hésiode et a perpétué jusqu'à nous la vraie méthode, qui est d'aller du connu à l'inconnu et de chercher l'inconnu dans le connu lui-même. Elle a compris que c'est dans les choses et non hors des choses qu'est leur cause immédiate et leur condition d'existence; elle s'est attachée à la question comment, et a négligé la question pourquoi, sans solution et sans objet.

Nous connaissons surtout Épicure par Lucrèce (1), et c'est à celui-ci que nous allons demander d'abord le développement des brèves indications d'Hésiode :

« Regarde, dit le poète à Memmius, regarde autour de toi et au-dessus, ce ciel dont l'embrassement enveloppe la terre, cet espace qui engendre et résorbe tout !.....

---

(1) Voir la Traduction en vers français du *De Rerum natura*, par M. André Lefèvre, in-8°, Sandoz et Fischbacher.

« Certes, ce n'est pas à dessein, ni par l'impulsion d'une prévoyante sagesse, que se sont groupés les principes des choses ; ils n'ont point déterminé d'avance quels agencements ils devaient combiner ; mais le mouvement éternel, infini, qui les agite selon leurs masses, a eu le temps d'essayer entre eux tous les rapprochements possibles et toutes les formes. Des rencontres et des épreuves innombrables ont constitué peu à peu ce que nous voyons, la terre, la mer, le ciel et les races animées.

« Alors n'existaient au ciel ni ce large rayonnement qu'épanche le haut vol de la roue solaire, ni les astres du vaste monde, ni rien de semblable à ce qui est. C'était, apparemment, une sorte de tourbillon, une mêlée universelle, d'où sortirent des séparations et des accords ; les éléments s'associèrent à leurs pareils ; les membres du monde apparurent, formés et condensés par des germes de toute espèce. Cependant, l'incompatibilité des formes diverses et des figures discordantes, les intervalles, la marche, les rencontres, les masses, les chocs, les affinités, les mouvements particuliers de ces éléments étaient encore une cause de lutte ; cette première ébauche de l'ordre ne pouvait durer : elle ne réalisait pas l'accord des mouvements. Il fallait donner leur place distincte à la terre, au ciel, ouvrir une demeure aux eaux, dégager aussi le feu pur qui habite l'éther.

« C'est pourquoi, d'abord, s'assirent les principes de la terre ; plus pesants et plus condensés, la force même

de leur cohésion exprima les germes plus fluides
de la mer, des astres, du soleil, de la lune. Des
pores étroits de la terre s'élança le premier cet
éther qui roule les astres, enlevant avec lui presque tout ce qu'il y avait de feu ; ainsi, lorsque,
parmi les herbes où la rosée luit en perles d'or,
resplendit la pourpre matinale du soleil, les vapeurs
s'exhalent des lacs et des fleuves rapides ; la terre
elle-même fume par intervalles, et toutes ces éma-
nations qui montent s'assemblent sous le ciel en
voiles de nuages. Ainsi, l'on peut concevoir l'expansion de l'éther enfermé de toutes parts en un corps
plus dense, et comment, à son tour, répandu à l'infini, il se trouve environner toutes choses? Son
départ fut suivi de la naissance du soleil et de la
lune, globes dont les évolutions se partagent le domaine des airs et tiennent le milieu entre l'éther
et la terre, sans déranger l'équilibre du monde. Et
pourquoi non? Certains de nos membres ne peu-
vent-ils point demeurer en repos, tandis que d'autres
sont en mouvement?

« Délivrée de ces éléments étrangers, la terre
s'abaissa par places, justement aux endroits où vient
battre la vague azurée des mers ; ainsi se creusèrent
les profondeurs de l'abîme salé, sous le choc infatigable des rayons du soleil, qui ne cessaient de
flageller la terre, la forçant à se replier sur son
centre, si bien que la sueur de son vaste corps
s'écoulait dans le bassin préparé aux mers et en

élevait par degrés les campagnes flottantes. Par le même effort, s'échappaient en foule ces vapeurs de l'air, dont la masse tendait au-dessus de la terre les voûtes resplendissantes du ciel. On eût vu, sur la dépression des plaines, grandir les hauteurs des monts, car la condensation terrestre n'avait pu se faire partout également, et les rocs étaient restés à la surface.

« C'est ainsi que se constitua l'épaisseur terrestre ; tout le limon pesant de l'univers, pour ainsi dire, était tombé au fond, comme la lie ; et les corps plus légers, fluides ou liquides, mer, air, éther étoilé se trouvèrent épurés et libres et s'ordonnèrent selon leur pesanteur décroissante. Et l'éther domine tout ; sans se mêler jamais aux ondes aériennes, qu'il laisse en proie aux tourbillons du vent et des tempêtes, il imprime à ses feux une marche éternellement certaine, quelque chose comme le mouvement uniforme et lent qui règne à jamais sur la mer. »

Voilà, dans toute son ampleur magnifique, cette hypothèse de la formation des mondes, que tournent en ridicule tant de faibles esprits qui ne l'ont pas lue. De bonne foi, nous la trouvons très-conforme aux indications fournies par la science moderne ; l'intuition du rôle que jouent dans la constitution des choses les masses et les affinités nous semble un effort merveilleux de l'esprit, pour un temps qui ne connaissait même pas de nom la chimie et ne possédait aucun instrument capable de lui révéler les lois de l'attraction. La déclinaison des atomes est-elle tant à railler ? La gravitation n'a ici que l'avantage de sa réalité ; pour ceux qui se livrent à la stérile recherche des causes premières, l'une n'explique pas plus que l'autre pourquoi ce qui est existe ; ni l'une ni l'autre n'a de valeur métaphysique, ni ne prétend en avoir. L'une était une supposition probable ; l'autre est un fait, seulement un fait ; et, dans le monde extérieur, l'homme n'a jamais pu constater que des faits ; et à qui l'interroge, comme les femmes et les enfants, la nature répond et répondra toujours : *parce que ;* c'est l'*Ultima ratio* du monde. Il est ainsi, il pourrait être autrement, et nous n'y pourrions rien, que supposer et constater.

A n'écouter que notre plaisir, nous continuerions à interpréter jusqu'à la fin cet étonnant cinquième livre, où Lucrèce a tracé des commencements de l'homme, de ses découvertes, de ses progrès, et dans un langage qu'aucune poésie n'a dépassé, un tableau si frappant et si juste. Croirait-on que la loi de Sélection y est clairement exposée ? Les Centaures et les Chimères y sont présentés comme le souvenir de monstres qui ne pouvaient point vivre et qu'ont remplacés des formes plus vigoureuses ou moins imparfaites.

Mais on nous accuserait de dépasser nos limites, bien que ces gradations lentes, par lesquelles Lucrèce explique la succession des choses, soient toutes contenues dans l'exposition cosmogonique d'Hésiode. Nous ne voulons ajouter à la conception épicurienne du

monde qu'un dernier trait, en avance de quinze siècles
sur l'astronomie antique :

« Quelque part que nous nous tournions, des deux
côtés, au-dessus, au-dessous, partout, il n'y a point
de fin ; cette vérité se crie d'elle-même, et la nature
de l'infini se dévoile. Comment tenir pour probable,
lorsque des éléments sans nombre dans l'espace sans
bornes volent en tous sens, doués d'un mouvement
éternel, qu'il ne se soit formé que cette seule terre et
cet unique ciel ?

« Lorsqu'il y a concours suffisant de matière, lorsque le milieu est disposé, ni chose ni cause ne peut
retarder la manifestation nécessaire de formes qui doivent naître. Si donc les principes de ce qui est sont
en si grande abondance qu'une vie ne puisse suffire à
les énumérer, s'ils ne perdent jamais cette force,
inhérente à leur nature, capable de grouper partout
ailleurs, aussi bien qu'en cet univers, les germes des
choses, il faut proclamer qu'il existe, en d'autres
lieux, d'autres globes terrestres et d'autres générations d'hommes et d'animaux. Non ! terre, soleil, lune,
mer, rien de tout cela n'est unique ; tout cela se
compte par milliers, ou plutôt ne se compte pas. »
(Livre II.)

Que dites-vous de cette vision de l'infini ? Est-ce de
quoi racheter l'aberration qui conduisait Lucrèce à
considérer comme réelle la grandeur apparente des
astres ? Ne voit-on pas que cette erreur, Lucrèce est
prêt à l'abjurer, si elle lui est démontrée, et que sa

conception de l'infini n'en est pas atteinte? Pourquoi? Parce que sa méthode, consistant à expliquer les choses par elles-mêmes, laisse toujours la porte ouverte aux découvertes des sciences et se borne à les grouper, sans parti pris, autour de l'objet qu'elles font connaître; et elle marche toujours vers sa conclusion inéluctable : « Rien de rien n'a pu naître d'un caprice divin. »

Lucrèce s'est quelquefois servi des mythes, et avec quel bonheur! pour animer d'une innocente vie les forces indifférentes qui se trouvent avoir combiné le monde. Certes, il ignorait absolument la mythologie comparée, mais il n'avait besoin que de l'allégorie. Tout le monde sait par cœur l'invocation à Vénus, qui ouvre son poëme : « O volupté des hommes et des dieux, féconde Vénus, sous la voûte où glissent les étoiles, c'est toi qui peuples la mer aux mille navires, toi qui couvres la terre de moissons; par ta grâce est conçue toute race animée, et la vie s'épanouit aux rayons du soleil! » Il y a encore la légende de Cybèle, la mère des dieux et des hommes, notre Gaïa hésiodique, et, dans l'ordre moral, l'assimilation des monstres infernaux aux remords, ombre et spectre du crime. Tous ces passages seraient un clairvoyant commentaire, et plus beau que le texte même, des pensées encore confuses qu'Hésiode cachait sous ses mythes transformés en symboles.

Virgile aussi, avant de passer à Platon, avant de

songer au *Mens agitat molem, regit ingens spiri- tus artus*, idéalisation mystique du mouvement, Vir- gile s'est inspiré de la cosmogonie d'Hésiode, tout en- tière enfermée dans quelques vers du Silène :

> Car il disait comment, aux profondeurs du vide,
> L'eau, la terre, le souffle et la flamme liquide,
> Germes premiers unis en concours créateur,
> Ont du tendre univers condensé la rondeur ;
> Comment, libre des mers en leurs plages encloses,
> Le limon affermi prit les formes des choses ;
> La stupeur des mortels devant l'astre des jours ;
> Par la chute des eaux les nuages moins lourds ;
> Les bois perçant la terre, et l'être, rare encore,
> S'aventurant sans route aux cimes qu'il ignore ;
> Le bonheur des humains sous le règne d'un dieu ;
> Les pierres que lançait Pyrrha, le vol du feu,
> Et l'oiseau du Caucase au flanc de Prométhée.

Ovide aussi n'a rien imaginé de plus qu'une para- phrase d'Hésiode. Le début de ses *Métamorphoses*, morceau ingénieux et d'une grande beauté de diction, est trop connu et trop long pour être cité ; mais les moindres détails en sont calqués sur le vieux poète : priorité du chaos, naissance successive de la terre, des mers, du feu, dégagés de la mêlée confuse et dis- cordante ; enfin, apparition de l'homme. Sans attacher une importance absolue à des expressions poétiques, il faut noter ici l'intervention d'un ordonnateur du monde et d'un créateur de l'homme. C'est un dieu, « ou la nature plus favorable, » qui mit fin au désor- dre primordial. Quant à l'homme, c'est Prométhée qui l'a fait avec du limon et de l'eau. Le *deus ex machinâ* est évidemment un souvenir de Cronos divisant le Ciel et la Terre avec la faux de la foudre ou du jour :

> *Nam cœlo terras et terris scidit undas,*
> Car il sépara le ciel de la terre, et la terre des ondes.

La création de l'homme par Prométhée est le complément naturel du mythe et l'explication de cette amitié qui lie le Titan aux hommes, dont le sens primitif et profond doit être cherché dans la reconnaissance des mortels pour les bienfaits du feu. Ovide marche vers la création *ex nihilo*, mais il n'y est pas encore, et aucun philosophe indien, grec ou latin, qu'il fût ou non partisan d'une intervention immatérielle, n'a pu atteindre cette conception du néant fécond. Certes, les dieux d'Hésiode étaient un moins grand danger pour l'esprit humain que cette quintessence mystérieuse. Nous pouvons donc, pour notre part du moins, en prenant congé d'eux, brûler un peu d'encens sur leurs autels; ils ne nous en veulent pas, à coup sûr, d'avoir dévoilé leur origine verbale, inconsciente et métaphorique, et peut-être daigneront-ils nous inspirer lorsque nous aurons à rechercher, dans une seconde partie, comment les hommes ont accommodé les fables à la réalité, les figures dont ils peuplaient l'univers aux besoins et aux plaisirs de la vie.

LA VIE FUTURE D'APRÈS HOMÈRE.

On sait sur quels désirs, sur quels regrets, finalement sur quels sophismes, dont la prétendue noblesse ne cache pas la puérilité, s'est fondée et s'appuie encore la doctrine de la vie future. Les raisonnements n'ont de valeur qu'autant que leur base est indiscutable et que leurs termes se correspondent ; ceux par lesquels on a prétendu démontrer l'immortalité de l'âme sont loin de présenter ces conditions : ils partent de la justice divine, de l'existence de l'âme, des droits de l'homme au bonheur, c'est-à-dire d'hypothèses dont la réfutation trop aisée est devenue un véritable lieu commun. Nous ne nous amuserons pas à souffler sur ce qu'on appelle des preuves métaphysiques. *Métaphysique*, le mot le dit, c'est ce qui est après la nature, hors de la nature : c'est ce qui n'est que dans l'esprit humain, dans le domaine de l'abstraction, les Allemands diraient dans le subjectif; en un mot, c'est ce qui n'est pas.

Les subtilités mystiques de l'orphisme, les rêveries indiennes de Pythagore et ce spiritualisme matériel du divin Platon, qui divise les cieux en sphères concentriques de justice, d'amour, d'éternité divine, n'auraient certes pas inculqué à l'univers la croyance à l'immortalité de l'âme, si la foule n'y eût été préparée naturellement et dès l'origine par les illusions du souvenir et les hallucinations des songes. La seconde vie des morts, c'est leur mémoire : il n'y a pas d'autre immortalité. Leur âme, c'est l'image qu'ils laissent dans l'esprit de ceux qui les aimaient. Vérité qu'Homère exprime avec force : « Les âmes, fantômes des morts. » Les anciens hommes ont donc, sans métaphysique, pensé que les morts laissaient après eux quelques traces de leur passage : le souvenir était là pour attester le fait. Mais le soulagement que pouvait leur causer une telle pensée ne les aveuglait pas sur la réalité brutale de la mort, sur l'inanité de cette enveloppe flottante, vague, dépourvue de sang et de vie, qui venait la nuit les visiter, leur rappeler ceux qui n'étaient plus, remords pour le criminel, consolation pour le juste. Non, ils savaient bien que l'organisme corporel est la vraie substance de la vie; mais, à force de croire aux spectres de leurs aïeux, ils s'habituèrent à croire au leur : c'était tout simple. Leurs pères, leurs amis se présentaient à eux dans leur sommeil ou dans l'ombre des bois, à cheval sur un rayon de lune ; pourquoi n'apparaîtraient-ils pas eux-mêmes à leurs enfants ? Et ici, notez le passage rapide, inévitable en des âges d'ignorance, de l'observation réelle à des hypothèses métaphysiques. La croyance aux fantômes était jusqu'à un certain point légitime, puisqu'elle reposait au moins sur la réalité de certaines hallucinations. Il était, d'ailleurs, bien entendu que ces ombres étaient à jamais bannies de la vie. Mais les vivants, se supposant d'avance et par analogie à l'état de spectres, identiques aux spectres des aïeux, prêtaient forcément un peu de leur réalité, si peu que rien, à ces fantômes futurs, et, par un spécieux retour, aux fantômes présents et passés. C'est ainsi que les âmes, pures apparences des morts, simulacres à venir des vivants, évoquées par la mémoire ou l'imagination, devinrent des êtres objectifs, des personnes, des volontés.

Les philosophes s'emparèrent de ces données, et, à la place d'un enchaînement aimable, poétique, d'illusions innocentes et en somme facultatives, ils échafaudèrent leurs paradis et leurs enfers, leurs récompenses et leurs châtiments après la vie, pauvres fables aisément acceptées par les infortunés (et quel homme ne l'est pas, quand ce ne serait qu'une heure ?), leçons mauvaises qui retardèrent l'avénement de la justice humaine et nous valurent quinze siècles au moins de déviation dans les folles voies du salut. Mais on se tromperait fort si l'on croyait la foule apte à se repaître des creuses essences de la métaphysique. Elle n'a pas dans l'immortalité de l'âme, dans la vie future, beaucoup plus de confiance que n'en témoignaient les Grecs du Xᵉ siècle avant notre ère. Il lui faut des fantômes. C'est ce que le christianisme a compris, et la résurrection de la chair, dogme insensé, a plus fait pour l'âme immortelle que l'espoir du paradis et la crainte de l'enfer. Mais la religion, dont on vante à tout propos la pureté, la spiritualité idéale, n'a jamais mieux montré son incohérence et sa faiblesse intellectuelle. Si rien n'est plus vraisemblable, plus précieux à des cœurs aimants que la persistance des souvenirs, personnifiés en fantômes, quoi de plus grossièrement faux et plus enfantin que cette résurrection, sous une même forme, d'un corps mangé par les vers ? C'est franchement absurde et bon pour saint Augustin ; à ce point que saint Thomas a dû revenir aux fantômes des anciens, aux *corps glorieux*, invention à la fois nécessaire et suffisante. En effet, d'une part, le peuple ne croit point à l'âme dépourvue de toute apparence corporelle ; d'autre part, il ne croit pas à la résurrection de la chair. Seulement, comme il aime à se figurer, par instants, que tout n'est pas fini pour les morts, il accepte volontiers ce moyen terme : le spectre, le corps glorieux ; et, du coup, l'âme métaphysique est sauvée ! Ah ! pauvres philosophes, targuez-vous donc un peu du consentement universel ! Lisez et relisez sans cesse le chant XI de l'Odyssée, et vous aurez le fond des croyances humaines, fond permanent auquel les doctrines ont peu changé, et qui ne décroît qu'avec l'ignorance.

M. Jules Girard, dans son très-intéressant ouvrage sur le *Sentiment religieux en Grèce, d'Homère à Eschyle* (1), a été conduit à méditer sur cette peinture grandiose, incomparable, aussi supérieure aux enfers de Virgile par la sincérité de l'émotion que les tableaux savants du poète latin le sont par l'art, l'harmonie et la justesse de l'expression aux visions effarées d'Alighieri. Homère, ici, comme partout, triomphe, parce qu'il est plus près de la vérité humaine.

« Grands dieux ! même dans la demeure d'Aïdès, il subsiste donc de l'homme une âme (un souffle) et un fantôme ; *mais la réalité de la vie les a complétement abandonnés.* » Voilà le cri d'un ami superstitieux, mais non métaphysicien, le cri d'Achille essayant en vain de saisir dans la nuit le fantôme de Patrocle. Et l'invocation même de l'Iliade, comme elle exprime énergiquement toute la philosophie funéraire des anciens Ioniens : « Déesse, chante la colère d'Achille, fils de Pélée, colère funeste qui causa mille maux aux Grecs, précipita chez Aïdès les âmes valeureuses de nombreux héros et les livra *eux-mêmes* en proie aux chiens et aux oiseaux... » *Eux-mêmes*,

----

(1) Un vol in-8° (Hachette).

ajoute M. Girard, c'est leur corps avec leur sang, avec leurs nerfs, avec le principe et les agents de leur force ; il faut même dire, de leurs passions et de leur intelligence... L'existence véritable est donc attachée au corps ; en se séparant de lui, elle n'obtient pas une délivrance, comme l'enseignera, à la suite de Platon, tout le spiritualisme : elle souffre une diminution qui équivaut presque à l'anéantissement, car de la science qu'un être humain a possédée il ne reste plus rien, et des passions qui l'animaient il ne garde plus qu'un appétit bestial qui l'entraîne invinciblement vers le sang chaud et fumant comme vers une source de vie. Tel est l'empire du corps, même après sa destruction. « Il se survit à lui-même ; c'est de lui que vient cette forme vide et impalpable où se retrouve celui qui a vécu sur la terre, sorte de type créé pour chaque individu par la nature et qui ne doit plus périr. On dirait, en effet, que, dans l'homme, la partie inviolable et sainte soit le corps, à titre de parcelle de la divine nature, comme étant une des œuvres enfantées en elle-même par son incessante création. C'est bien là, semble-t-il, le fond de la religion des funérailles. »

Nous tenions à citer cette page. Nous n'avons trouvé nulle part l'expression plus claire et plus autorisée des vérités historiques que nous avons condensées nous-mêmes dans un passage de l'*Épopée terrestre.*

Ce qui reste d'existence aux morts est lugubre et

désolé. Les plus illustres regrettent la vie terrestre. Écoutez Achille ; savourez l'amertume qui coule de ses lèvres décolorées et dans laquelle semble s'être à plaisir trempée la plume âpre et sauvage de M. Leconte de l'Isle, le plus puissant et le plus archaïque des traducteurs d'Homère :

« Divin Laërtiade, subtil Odysseus, malheureux, comment as-tu pu méditer quelque chose de plus grand que tes autres actions? Comment as-tu osé venir chez Aïdès, où habitent les images vaines des hommes morts?... Ne me parle pas de la mort, illustre Odysseus ! J'aimerais mieux être un laboureur et servir pour un salaire un homme pauvre et pouvant à peine se nourrir, que de commander à tous les morts qui ne sont plus. »

Les morts qui ne sont plus ! Quel sanglot ! quelle irrémédiable désespoir ! Et dans quelle aventure sinistre, redoutable, Circé l'artificieuse engage l'ingénieux Ulysse !

« Assieds-toi, lui dit-elle, après avoir dressé le mât et déployé les blanches voiles, et le souffle de Boréas conduira ta nef. Mais, quand tu auras traversé l'Okéanos jusqu'au rivage étroit et aux bois sacrés de Perséphonéia, où croissent de hauts peupliers et des saules stériles, alors arrête ta nef dans l'Okéanos aux profonds tourbillons, et descends dans la noire demeure d'Aïdès, là où coulent ensemble dans l'Akhérôn le Pyriphlégétôn et le Kokitos, qui est un courant de l'eau du Styx. Il y a une roche au

confluent des deux fleuves retentissants ; tu t'en ap-
procheras, héros, comme je te l'ordonne, et tu creu-
seras là une fosse d'une coudée dans tous les sens, et
sur elle tu feras des libations à tous les morts, de
lait miellé d'abord, puis de vin doux, enfin d'eau, et
tu répandras par-dessus de la farine blanche. Prie
alors les têtes vaines des morts et promets, dès que
tu seras rentré dans Ithaque, de sacrifier dans tes
demeures la meilleure vache stérile que tu possède-
ras... Puis, sacrifie un mâle et une brebis noire ;
tourne-toi vers l'Érébos, et, te penchant, regarde
dans le cours du fleuve, et les innombrables âmes des
morts qui ne sont plus accourront. Tire ton épée aiguë
de sa gaîne, le long de ta cuisse, et ne permets pas
aux ombres vaines des morts de boire le sang avant
que tu aies entendu Tirésias. »

Ulysse fait comme il lui a été ordonné : « le cœur
contristé, les yeux baignés de larmes, » poussé par
un vent merveilleux, il vogue à pleines voiles jusqu'à
ce qu'il atteigne la sombre région des Cimmériens,
séjour des brouillards sans fin et de la nuit éternelle.

« Qu'est-ce que cette rive du fleuve Océan où s'arrête le vaisseau d'Ulysse ? Est-elle encore à la surface de la terre, ou s'abaisse-t-elle vers le monde
infernal ? Qu'est-ce que ces Cimmériens condamnés à
vivre dans la région des ténèbres, sur les confins de
la vie et de la mort ? Quelle est la limite qui les
sépare de la demeure des ombres ? » C'est, sans doute,
chez eux que croît cette végétation pâle et maigre,

dernier effort de la fécondité expirante de la nature. Mais quelle est la « place de ce rocher qui domine le confluent des deux fleuves infernaux et de cette prairie Asphodèle où marche à grands pas l'ombre d'Achille, heureuse d'apprendre la gloire du fils qu'il a laissé sur la terre? Où est donc aussi cette région accessible à l'âme d'Elpénor, que la privation des honneurs funèbres empêche cependant de se joindre aux autres âmes? De quelle manière et en quel lieu se montre aux yeux d'Ulysse toute cette catégorie particulière d'apparitions qui semble former comme le fond mouvant de la scène : le tribunal de Minos, et la chasse du géant Orion, et les supplices des antiques criminels, rivaux impies des dieux, et le fantôme d'Hercule dont l'âme mortelle, soumise à la loi commune, effraye de son arc tendu et de ses regards terribles la foule glapissante des morts, tandis que le héros lui-même partage auprès de son épouse Hébé la brillante félicité des habitants de l'Olympe? Si le poète savait tout cela, il paraîtrait trop instruit, et il serait moins ému. »

Ceci n'est que farouche et extraordinaire; mais voici la fibre humaine qui tressaille, qui se tend jusqu'à éclater. Ulysse a versé le sang dans la fosse, et les spectres l'environnent; tout à coup, il aperçoit l'image de sa mère qui ne le reconnaît pas, ombre pâle, simulacre vain auquel n'est resté que le désir de la vie, la soif de cette rouge liqueur qui jadis courait dans ses veines. Ulysse pleure, il tremble de compassion, mais il

17*

doit écarter le fantôme ; il lui présente la pointe de son épée. « Quelle image de la mort des sentiments humains que la figure inerte et le regard terne de cette mère qui ne reconnaît pas le fils dont le regret l'a pourtant conduite au tombeau ! Toute sensibilité s'est éteinte dans ce triste fantôme : il n'a d'yeux que pour le sang... Tout à l'heure il boira enfin à cette source horrible la connaissance et la vie, et aussitôt, quelle tendresse se réveillera dans le sein maternel d'Anticlée ! Qu'on mesure, si l'on peut, l'intensité de ces émotions directement dérivées de l'idée la plus simple et la plus grossière de la mort ! »

Quelle immortalité de l'âme tiendrait contre l'éloquence de ces vieux chants de l'humanité adolescente ? Et comme ces rhapsodes étaient de plus profonds philosophes que tous les abstracteurs de quintessence éclos au souffle de la métaphysique !

Cette préoccupation constante de la mort, si naturelle aux vivants, M. Girard la retrouve dans une foule d'ouvrages cités par les scoliastes d'Homère ou d'Hésiode, dont les titres seuls nous sont parvenus. Il ne sait si l'idée métaphysique de l'âme et de la vie future y avait fait de rapides progrès ; mais il est amené à le supposer par la marche même de l'esprit grec. Toutes ces Descentes aux enfers, ces *Thésée et Pirithoüs*, ces *Retours* d'Agias qui contenaient une *évocation des morts*, et l'*Alcméonide* et la *Télégo-*

nie, et la *Minyade*, raffinaient, sans doute, et sub-
tilisaient l'immortalité, faisant d'une tendre superstition le plus funeste des mysticismes. Tel fut le rôle
d'Orphée et de cette école d'initiateurs qui fondaient
la société sur l'expiation. Mais nous ne pouvons ici
aborder cette question des Mystères, l'une des sources
du christianisme, l'une des portes par où ont pénétré
dans le monde occidental l'extase et les frénésies de
l'Orient visionnaire.

CROYANCES & LÉGENDES DE L'ANTIQUITÉ

M. Alfred Maury est infatigable ; sans compter
son grand ouvrage sur les religions de la Grèce antique, il a écrit sur la zoologie, la géographie, les langues anciennes, et composé pour diverses Revues ou
pour les Bulletins des sociétés savantes une foule de
notices et de mémoires qui, réunis de temps en temps
en volumes, vulgarisent l'érudition et répandent le
goût des études sérieuses. On y trouve, avec des citations sans nombre qui mettent sur la voie de recherches nouvelles, un sincère amour de la vérité, une
impartialité qui n'exclut pas une doctrine solide. Ces
qualités ne brillent-elles pas d'un vif éclat dans le
livre sur *le Sommeil et les Rêves*, si bien apprécié
dans la *Revue germanique*, par notre regrettable
ami Eugène Lataye ? Quel exemple donné aux
philosophes de nos jours ! Un homme qui s'observe
lui-même, fidèle à la maxime grecque ; qui, sans

vaine fantasmagorie, raisonne sur des expériences personnelles, constatées par des témoins de bonne foi; qui ramène, enfin, à des causes naturelles, vraisemblables, et pour nous certaines, ces phénomènes si complexes du sommeil, où Jouffroy s'est égaré, où tant de sages, précurseurs du spiritisme, continuant au réveil les rêves nocturnes, ont vu l'âme libre et rendue quelques heures au céleste séjour! M. Alfred Maury est partout resté fidèle aux « principes de la méthode critique, dont l'application aux sciences historiques a donné à notre esprit des vues plus générales, des notions plus sûres, des sentiments plus impartiaux. » C'est, sans doute, ce qui l'expose à des attaques aussi déplacées qu'imprudentes ; mais il peut se consoler en bonne compagnie.

Le livre qui nous occupe réunit, sous le titre de *Croyances et Légendes de l'Antiquité*, d'interressants essais sur les religions des Aryas, des Perses, des Grecs, des Celtes, enfin sur les origines du christianisme. Comme nous ne pouvons d'un seul coup-d'œil faire le tour de cet horizon varié, nous laisserons de côté Eusèbe, l'Évangile de Nicodème et la légende de la Véronique, et nous nous engagerons, avec M. Maury pour guide, dans les mythologies sévères ou riantes de l'Orient et de l'antique Europe. Le temps est passé où l'on traitait d'absurdes les conceptions théogoniques d'esprits qui nous valaient bien, et que nous appelons encore aujourd'hui nos maîtres. Non, les Hellènes ne déliraient pas, lorsqu'ils véné-

raient, sous la figure de Dèmèter, de Cybèle et de
Rhéa, la terre qui nourrit l'homme ; lorsque, dans
leur reconnaissance poétique, ils donnaient à la voûte
céleste, à l'éther lumineux, au soleil qui dispense la
chaleur et la vie, ces beaux noms immortels, Zeus,
Ouranos, Hypérion ; non, ils n'adoraient pas des
dieux faits de bois ou de pierre ; et si, plus tard, le
polythéisme dégénéré tomba dans la plus grossière
idolâtrie, c'est que les peuples, les prêtres eux-mêmes,
en avaient oublié le sens ; c'est qu'il subissait la destinée commune à toutes les doctrines symboliques. Il
en fut de Zeus, d'Aïdès, de Poseidon, comme de
Brahma, de Vichnou, d'Ormuzd et de Mitra, qui,
après avoir été des idées inspirées par le spectacle de
la nature, devinrent peu à peu des fétiches ; et ils
sont tombés en poudre. Aujourd'hui, la philologie les
relève, grands comme ils étaient à l'origine et flottant
presque sans forme encore dans les immensités de
l'air, tout au plus assis sur les nuages.

C'est l'étude des Védas, de l'Avesta, qui a rendu
aux vieilles divinités le rang dont elles sont dignes.
Ces êtres, que les Grecs, non sans profit pour l'art,
ont ramenés aux proportions humaines, reprennent
leur majesté dans les hymnes sacrés des Aryas, « ce
peuple dont les Hellènes étaient les frères. » Les formes si complexes, si multiples, si variées, qui sédui-
sirent l'imagination d'Homère et d'Hésiode, perdent
leur corps et s'évaporent en allégories. Les symboles
ne sont, dans ces temps reculés, qu'à l'état de méta-

phores sans contour arrêté, traditionnel ; le poète peut
à son gré les confondre, les indiquer d'un trait, ou
les étendre et les colorer de nuances plus animées ; il
a encore conscience de ce qu'il fait, et la forme qu'il
donne aux fantômes de son esprit n'est pas encore
une formule consacrée. « Tous les phénomènes dont
le retour et la succession constituent le monde, voilà
ce que le chantre védique invoque et glorifie. Il rend
à ces forces latentes un culte de reconnaissance et
d'amour, de respect et de crainte ; il les appelle des
dieux et, dans son langage figuré, les transforme en
êtres pareils à ceux qu'il voit, qu'il entend, qu'il touche, mais en leur attribuant une puissance infiniment
supérieure. Raconter les merveilles de la nature, c'est,
pour l'Arya, dire l'histoire de ses dieux. »

On entrevoit dans le Véda une époque reculée où
les pâtres de l'Arye célébraient, sans aucune hiérarchie, tout ce qui frappait leurs yeux : les montagnes,
les eaux, les plantes, par-dessus tout la lumière,
l'aurore et le soleil ; ils traduisaient en vives images
la beauté des crépuscules, du vaste ciel étoilé ; puis,
baissant leurs yeux vers la terre, ils s'écriaient : « La
terre est notre mère, je suis le fils de la terre ! »
Bientôt les premières industries leur inspirèrent des
images qui donnaient aux choses un peu de vie humaine ; comme nous ne saisissons rien que par les
apparences, les premiers adorateurs des puissances
naturelles furent obligés de figurer leurs dieux ; or,
la plus belle forme qu'ils pussent leur donner, c'était

la forme humaine ; ils en firent donc des pasteurs, des
héros et des rois. L'anthropomorphisme est la forme
nécessaire de notre pensée. Ainsi naquirent Indra,
Varouna, Agni, les Marouts, et Sourya et Savitri,
noms propres assignés à des objets impersonnels, tels
que la lumière, l'immensité, les souffles, le soleil.
Mais ces dieux actifs ne supprimaient pas les dieux
passifs, comme le ciel et la terre ; il les reléguaient
seulement dans une sorte d'immobilité contemplative
et vaguement bienveillante ; les deux grands compagnons de voyage, les antiques parents du monde,
devinrent des dieux honoraires, consultants, auxquels
les hommes et les dieux avaient recours dans les circonstances solennelles. On commença d'inventer des
filiations, des théogonies ; et suivant que les esprits
étaient frappés d'un rapport factice ou réel entre deux
idées, les dieux furent pères ou fils l'un de l'autre. Il
faut tenir compte aussi des dévotions particulières
qui, n'épargnant aucune louange à l'objet de leur
prédilection, attribuaient chacune à Indra, à Varouna,
à Agni, à Sourya, les mêmes triomphes et une puissance égale. Les grands dieux, au nombre de sept ou
huit, entrèrent dans un cercle commun, origine de ce
conseil suprême que nous retrouvons chez Homère et
Virgile ; ils formèrent la famille des Adityas, race
lumineuse de la grande Aditi, qui n'est elle-même
que l'union métaphysique du ciel et de la terre, et
qu'une figure abstraite du monde entier. Aditi serait
ainsi le signe d'une seconde phase dans la mythologie

primitive ; après l'adoration pure et simple des phénomènes physiques, après le règne commun de la
terre et du ciel, du jour, de la nuit, du soleil,
serait née une hiérarchie philosophique, cherchant à
placer les dieux sur les degrés d'une vaste échelle qui
réunissait la terre au ciel et comprenait l'infini. De
cette période daterait l'attribution de qualités morales à Varouna, Mitra, Aryaman, et l'ingénieuse création de Pouroucha, ou Paramâtma ou Brahma,
« l'être immatériel, l'âme du monde, qui le crée et
l'engendre ; » divinité relativement moderne, puis-
quelle est la transition évidente entre le naturalisme
diffus des Védas et le panthéisme hiérarchique de
Manou. Si la religion védique fut simple et grandiose,
elle ne fut pas exempte des vices qu'engendrèrent,
dans les doctrines anciennes, les pratiques d'un culte
minutieux ; comme toutes les autres, elle dut sa décadence à l'oubli de l'esprit pour la lettre en divinisant
le sacrifice, les prières, les vases consacrés et le
fameux Sôma, père du nectar et de l'ambroisie, elle
perdit peu à peu le sens profond de ses mythes et
mérita d'être abandonnée.

Tandis que les Aryas, identifiant peu à peu leurs
dieux les uns aux autres, arrivaient à l'idée d'une
cause première unique, douée de volonté et de puissance, type parfait de l'humanité, leurs frères les
Parsis ou Perses, emportant vers les plaines de l'Iran
une part des idées communes à la grande famille
Japétique, s'arrêtaient à la conception d'un éternel

combat entre les Divs et les Amschaspands, qui représentent les Asouras (Titans) et les Adityas védiques. De là un dualisme moral qui semble s'être répandu jusque dans les doctrines juives et chrétiennes. Le monde est une vaste arène où luttent Ormuzd et Ahriman, le jour et les ténèbres, le soleil et les nuages, le bien et le mal ; toujours Ormuzd est vainqueur, et toujours renaît plus fort Ahriman, frère de Satan et de Vritra. Entre ces deux phénomènes physiques transformés en personnes, à l'image de l'homme, vint se placer Mithra, l'ami, le médiateur, comme l'appelle Plutarque.

On reconnaît ici le Mitra védique ; d'abord analogue aux deux Açwins, à l'aurore et au couchant, puis dieu du soleil, des astres et du ciel tout entier, il suit de *ses dix mille regards* les actions humaines, les juge, les récompense et les punit, et occupe, dans le Panthéon perse, la place que prendra Vichnou dans la triade brahmanique. Mais son essence est bien plus subtile, bien plus immatérielle ; Mithra et Mitra sont deux frères jumeaux, ou plutôt le dédoublement d'une même idée ; mais l'un, celui des Védas, tout en prenant un caractère moral, demeura visiblement un nom du soleil ; celui de l'Avesta devint promptement une sorte de Verbe chargé de manifester à l'homme la puissance qui résidait dans les régions supérieures. Sa transformation définitive est due peut-être à Zoroastre, qui ne fit, d'ailleurs, « que donner une forme systématique à des croyances

qui existaient antérieurement aux Achéménides. »
Inconnu ou mal connu d'Hérodote, qui mentionne
cependant son nom (I, 13), il fut sans doute mieux
étudié par Théopompe, dont le huitième livre traitait
des Perses. On voit dans Xénophon que les Perses
juraient par Mithra. Enfin, Plutarque recueille et complète ce que l'Occident savait sur la divinité orientale.

Cependant, lumière plus accessible à l'intelligence
humaine, être moins éloigné de notre humble essence,
Mithra voyait grandir son culte, et, laissant Ormuzd
régner en paix dans la splendeur incréée, au foyer
des jours, se répandait au loin sur la terre. Vers le
premier siècle avant notre ère, il était adoré dans
l'Asie-Mineure ; du Pont, il passa rapidement en
Europe, confondu avec les divinités solaires de la
Phrygie ; il plut aux armées romaines par son surnom
d'Invincible, et de nombreuses inscriptions (*Deo Soli
invicto Mithræ*) prouvent la foi que les soldats
eurent en lui. Il fut, avec Isis et Osiris, l'un des derniers dieux qui luttèrent contre le christianisme naissant, et peu s'en fallût qu'il ne s'insinuât dans la
religion nouvelle sous le couvert de l'hérésie mani-
chéenne. « Manès, en effet, n'était qu'un réformateur
des anciennes croyances perses, qui s'efforçait d'oppo-
ser au christianisme des idées dont il n'avait pas l'invention. »

M. Alfred Maury cite un curieux passage de Stace :

Persei sub rupibus antri
Indignata sequi torquentem cornua Mithram,

passage qui a besoin d'être éclairé par deux vers de
Commodien :

Vertebatque boves semper in antris
Sicut et Cacus Vulcani filius ille.

L'excellent travail de M. Michel Bréal sur Hercule
et Cacus nous guidera dans l'explication de la légende
dont Mithra est devenu le héros. Il faut reconnaître,
dans le combat des dieux et des Titans, le fondement
principal de toutes les religions antiques ; un épisode
de cette lutte primitive a pour sujet le détournement
des vaches célestes, qui ne sont autres que les nuages,
proie que se disputent les deux partis. Cette allégorie,
dont le sens peut encore être deviné dans les Védas,
s'altère et se défigure dans les migrations des peuples,
qui l'emportent cependant comme une part du commun héritage. On la reconnaît encore dans les bœufs
du soleil, les troupeaux d'Apollon chez Admète, les
vaches dérobées par Mercure, et par Cacus en Italie.
Mais le sens en est perdu depuis des siècles ; nous
n'en voulons pour preuve que cette tradition perse
qui donne à Mithra le rôle de Cacus et renverse ainsi
les rôles. On pourrait faire une remarque analogue
sur le nom d'Ormuzd, *Ahoura-Mazda*, le dieu lumineux par excellence, où se retrouve l'*Asoura* védique,
personnification des ténèbres et des nuages orageux.

L'histoire du Lion de Némée et la plupart des
Travaux d'Hercule se rapportent également au grand
mythe primordial ; le lion, l'hydre, les oiseaux Stym-

18*

phalides, le Tartare d'où Hercule ramène Alceste, ne
sont que des figures de Vritra, d'Ahi et des autres
Asouras. C'est ce que laisse à penser l'intéressante
étude de M. Maury sur le Lion de Némée; ici, le but
de l'auteur est surtout de prouver qu'il n'y a jamais
eu de lions dans la Corinthie. Il combat avec beaucoup de raison les conclusions trop légères que de
très-savants hommes, tels que Geoffroy Saint-Hilaire,
Marcel de Serres, et l'Allemand Karl Ritter, ont
tirées de quelques passages d'Hérodote, Aristote,
Xénophon, Ælien, qui semblent se répéter tous. Il
montre que « les légendes et les mythes émigrent
comme les races, » et que, « toutes les fois qu'inter-
vient dans les superstitions d'un pays un mammifère,
un oiseau, un reptile, un poisson qui n'a jamais
appartenu à ce pays, on est fondé à attribuer à la
légende une origine étrangère. » La loi posée, il l'applique au serpent Nidhaugr, qui, dans la religion
d'Odin, enlace de ses replis le frêne Ygdrasil, au lion
Czernobog, emblème des Vindes et des Obotrites,
enfin au Lion de Némée. Sans entrer dans le détail
de sa démonstration, nous trouvons comme lui ces
principes de critique « utiles à rappeler aux mythologues et aux naturalistes, qui les ont souvent oubliés.
Les premiers.... cherchèrent quelquefois mal à propos dans une contrée l'origine de légendes dont l'histoire naturelle aurait dû leur faire reconnaître le
caractère exotique. Les seconds se sont appuyés à
tort de ces légendes pour admettre dans le pays, aux

temps historiques, l'existence d'animaux qui n'y avaient jamais vécu. »

Nous terminerons cet aperçu trop sommaire par quelques lignes sur *deux divinités du culte des Gaulois*. Ce ne sera pas nous éloigner du sujet même de ce chapitre où nous avons voulu seulement examiner la partie du livre de M. Maury qui est consacrée aux religions indo-européennes. En effet, les Gaulois sont les aînés peut-être de ces peuples qu'ont vus naître les plateaux de l'Asie-Centrale ; on ne peut ni fixer l'époque de leur émigration, ni rattacher de bien près leurs croyances et leurs mœurs à celles que les Védas nous révèlent ; mais le peu qui nous reste de leur antique langage suffit pour nous convaincre de leur parenté avec les Aryas, les Perses, les Pélasges, les Germains. Il semble que leur facilité à prendre les coutumes romaines, à transformer leurs dieux nationaux en Jupiter, en Mars, en Apollon, décèle une communauté d'origine et une affinité de nature. César, qui pouvait connaître les noms des divinités celtiques, leur choisit du premier coup les noms latins qui leur conviennent ; ne fallait-il pas que l'identité ou au moins l'analogie fût frappante pour qu'un étranger reconnût à première vue Mars dans Camulus, et dans Grannus Apollon ?

Le fait est que des inscriptions nombreuses donnent raison à César. Camulus, en particulier, se retrouve dans une foule de noms, comme Camulogène, Camuleius, Camulasius, etc. Selon M. Maury, on le rapprocherait difficilement du Camillus étrusque ou du Cabire Cadmos, Casmilos ; il faut mieux y chercher la racine celtique *Cam* ou *Camh*, qui implique une idée de force, de lutte et de guerre. De même Grannus, l'Apollon sauveur, protecteur des eaux thermales *(Aquæ Granni*, Aix-la-Chapelle), n'est autre que le mot irlandais et gaëlique *Grian*, qui signifie *soleil*. Ainsi, partout, les noms des dieux sont des noms de phénomènes physiques ou de qualités humaines ; les religions indo-européennes ne sont pas le caprice d'une imagination malade, mais l'expression, bientôt dénaturée, d'une science incomplète, et du premier étonnement qui a saisi les hommes en présence du monde extérieur et de leurs propres facultés.

LES DIEUX DE L'ANCIENNE ROME.

Les dieux de l'antiquité ont survécu au paganisme.
Traités de faux dieux par leurs divers successeurs,
relégués par le moyen-âge dans la cour de Satan,
c'est leur nom que la Renaissance a inscrit sur son
drapeau : ne représentaient-ils pas le libre développement de la nature humaine, la vie chaude et franche
qui protestait enfin contre l'indifférence extatique et
le mysticisme énervant? Le XVIIe siècle, en les admi-
rant comme les seules fictions et l'unique modèle qui
pussent inspirer la poésie et l'art, les établit plus soli-
dement encore dans le domaine classique; l'ignorance
complète où étaient alors les meilleurs esprits sur
l'origine et le sens de la mythologie, l'amour maniéré
de la nature qui travailla tout le siècle de Voltaire
de Diderot, de Rousseau et de Robespierre, le retour passager du romantisme au moyen-âge de convention, ne jetèrent sur eux qu'un discrédit appa-

rent. Les Kreutzer, les Guigniaut et l'école symbolique,
à laquelle se rattache encore M. Louis Ménard,
préoccupés avant tout des allégories et des enseignements que la poésie grecque ou latine a entés sur
les mythes, réhabilitèrent les dieux, sans comprendre,
toutefois, leur origine simple et pour ainsi dire inconsciente. Mais il faut, avant tout, savoir gré aux
symbolistes d'avoir ruiné le faux système du Grec
Évhémère et de la mythologie telle qu'on l'enseigne
encore à la jeunesse. Les dieux n'ont pas été des
hommes ; ils ont été des personnifications, des métaphores, des images, des mots enfin, qui, perdant peu
à peu leur sens réel, sont devenus des noms propres.
Nous devons cette découverte à une application de la
linguistique, la mythologie comparée, science qui ne
date guère que de nous. Ottfried Müller, Welker,
Hartung, Max Müller, Kuhn, Preller, MM. Baudry
et Michel Bréal en sont les créateurs. Ils n'interprètent pas les mythes, ils les expliquent, en remon-
tant à la signification primitive du nom des dieux et
des héros.

Bornons-nous, pour faire comprendre la *Polyonymie*
ou *Synonymie*, à quelques exemples tirés de Max
Müller *(Essai de Mythologie comparée)* et Bréal
(Hercule et Cacus).

Dyaus fut, à l'origine, un des noms du ciel. On y
retrouve un radical âryen qui signifie « briller. » En
des langues voisines du sanscrit, il est devenu Ζεύς, Ζήν,
Dies-piter, Diovis, Jovis, Ju-piter, Ju-no, Dius,

Dia, Diana, Janus; mais, sous ces formes diverses, il n'a gardé que, par hasard, son sens naturel et commun. On peut citer en grec l'expression : Ζεὺς ὕει, en latin : *Sub dio, sub Jove, malus Jupiter* (mauvais temps), et deux vers d'Ennius et de Virgile :

Adspice hoc sublime candens quem invocant omnes Jovem.

(ENNIUS.)

Jupiter et læto descendet plurimus imbri.

(VIRGILE, Églogue, VII.)

Endymion a été un des noms du soleil couchant. Il fut une époque où le peuple, en disant : « Sélènè regarde Endymion, » parlait aussi simplement que nous quand nous disons : « La lune se lève en face du soleil couchant. »

Képhalos, au contraire, était le soleil levant. Képhalos, fils de Hersé, c'est le soleil se levant sur des champs couverts de rosée. Képhalos, amant de Prokris, c'est encore le soleil baisant la rosée du matin : car Prokris et Hersé viennent toutes deux de racines qui signifient « arroser » ou « refroidir. »

Daphné *(D-ahanâ)*, c'est l'aurore, suivie de près par le soleil et disparaissant dans son étreinte. Ainsi chantaient les poètes védiques : « L'aurore s'approche de lui, elle expire dès que l'être puissant qui illumine le ciel commence à respirer. » Ajoutons que, Daphné étant devenue en grec le nom du laurier, un nouvel élément s'est introduit dans la légende primitive.

Tous les travaux d'Héraclès ne sont que la victoire du soleil sur le nuage, thème fécond exploité de mille façons ingénieuses par les mythologies âryennes, et dont les Védas nous présentent déjà de nombreuses variations. Mais ici le poète védique savait le secret de sa métaphore; les Grecs et les Latins l'ont perdu. Sans le vouloir, cependant, ils conservent à leurs légendes un vieux fond de vérité qui les fait vivre encore après quatre mille années.

Quand je médite sur cette définition de Max Müller : « La mythologie n'est qu'un dialecte, une antique forme du langage, » il me semble voir un trait de lumière pénétrer à fond l'histoire des pensées humaines et dissiper en fumées légères les brouillards accumulés par les superstitions. A cette clarté s'évanouissent tant de préjugés scolastiques qui veulent, aujourd'hui encore, obstruer la marche de la science et de la saine philosophie. Ainsi, la seule nécessité de nommer les choses a fait les dieux; ainsi, le surnaturel est une création de l'homme. Nous ne pouvons discerner, c'est-à-dire penser, que par abstraction; nous ne pouvons désigner que par image; nous ne pouvons imaginer que d'après nous-mêmes. De là trois caractères, qui se sont trouvés à l'origine réunis dans chaque mot et par conséquent dans chaque dieu. Tout mot a été une abstraction, distinguant l'objet par une de ses qualités; il a été une image; il a été un être, mâle ou femelle, agissant et voulant, sujet, verbe ou régime. Sitôt que l'usage l'a remplacé par l'expres-

sion d'une qualité nouvelle, par une autre forme animée, il a passé dieu.

La condition même de la pensée, c'est l'anthropomorphisme. A tout ce qu'il considère, l'homme donne
sa propre forme intellectuelle ou extérieure, nécessité
dont aucune religion ne s'exempte. Qu'il ait réalisé
son idéal en des types variés et nombreux, ou bien
concentré et condensé ses facultés diverses dans une
personnalité une et parfaite, c'est lui-même qu'il
figure et qu'il adore. Telle est la conclusion, déjà évidente, où aboutissent les études mythologiques ; je ne
pense pas que Preller en ait compris toute l'importance ; il ne tenait que de seconde main les connaissances nécessaires à qui veut pénétrer jusqu'à l'origine
même des mythes et des dieux : néanmoins, avec
l'unique secours de la philologie classique, il les a
vus tels qu'ils sont : l'expression de divers rapports
entre l'homme et les choses. C'est par cette juste
intuition, par ce sentiment vrai, que se recommandent
ses deux manuels de mythologie grecque et latine.
Aussi devons-nous des remerciements à M. L. Dietz,
qui a traduit de l'allemand en français *les Dieux de
l'ancienne Rome* ; peut-être aurions-nous lieu de
regretter la liberté de son interprétation et la suppression des savantes notes et renvois de l'ouvrage original ;
mais il a fait pour le mieux dans l'intérêt de la clarté
et du succès de son livre.

« Pendant longtemps, » dit M. Alfred Maury dans
une intéressante préface, « la science n'a pas distingué

la religion des Romains de celle des Grecs. Les Romains n'ont pas peu contribué à fausser à cet égard nos idées ; n'ayant sur leurs divinités qu'un très-petit nombre de traditions et de récits, ils s'empressèrent d'enrichir leur mythologie par des emprunts que multiplièrent leurs poëtes formés à l'école des muses grecques. » Et nous, héritiers des Romains, nous avons, sans scrupule, transporté aux divinités grecques les noms des divinités latines : confusion d'autant plus excusable qu'elle date des guerres Puniques, et qu'en somme l'imagination religieuse des Italiotes et des Hellènes a travaillé sur un fonds commun. Mais il suffisait du caractère nettement tranché des deux peuples, une fois séparés par le climat et les mœurs, pour indiquer à des yeux pénétrants la différence probable de leurs conceptions mythiques. Niebuhr ne s'y était pas trompé. Avant même de découvrir, dans les traditions des Hindous, des Perses, des Germains et des Celtes, les données originelles qui servirent de point de départ aux fables grecques, on devait supposer que le cerveau étroit des Pélasges italiques n'avait pu peupler leur Panthéon avec la profusion inventive du génie grec.

« Renfermés dans les montagnes de l'Italie centrale et préservés par leur isolement de la confusion que le contact des religions étrangères introduit dans l'esprit d'un peuple, les habitants du Latium et de la Sabine conservèrent plus fidèlement que leurs frères de la Grèce les traditions des ancêtres de leur race. Ils y

ajoutèrent seulement un certain nombre de dieux fort
simples, sans histoire ni généalogie, presque sans
corps, et indiquant clairement par leur nom la force
naturelle ou la qualité morale, l'acte de la vie domestique ou guerrière qu'ils personnifiaient. Leur origi-
nalité éclate, au contraire, dans le culte : les cérémonies, les sacrifices, les formules sacrées, les présages,
ne se trouvent nulle part en aussi grande abondance (1). » Nulle part, la règle religieuse ne s'est
appliquée plus étroitement à toutes les circonstances
de la vie civile. Je crois qu'il faut voir encore, dans
la persistance des cultes domestiques et dans la sévère
observance des rites, une marque de cette fidélité aux
coutumes antiques des races âryennes.

Le livre de Preller, tel que la traduction nous le
présente, est assez logiquement coordonné. Une bonne
introduction indique les tribus de même race qui sont
le plus anciennement entrées dans le corps romain
(Sicules, Aurunces, Ombriens, Volsques, Sabins, Latins, Étrusques); les diverses périodes de la mythologie romaine (Italique, Tusco-Latine, Gréco-Latine,
Impériale, Mithriaque, etc.); les sources où l'auteur
a puisé (Varron, Virgile, Ovide, Aulu-Gelle, Pline-
l'Ancien, Festus, Macrobe, et les Pères de l'Église).
Suivent douze parties dont il suffira de mentionner les
titres : Éléments constitutifs de la religion romaine;

---

(1) Michel Bréal, *Hercule et Cacus*, p. 33.

Histoire du culte; les Dieux du ciel; Mars et son cortége; Vénus et les divinités de même famille; Divinités de la terre et de l'agriculture; Monde souterrain
et culte des morts; Dieux de l'élément liquide; Dieux
de l'élément du feu; la Destinée et la vie humaine;
Demi-dieux et héros; Derniers efforts du paganisme.
Ne pouvant, dans l'espace qui nous est réservé, renfermer ce vaste cadre, nous noterons seulement quelles
divinités et quels rites principaux les Latins ont apportés avec eux des profondeurs de l'Asie, et ceux qu'ils
créèrent sur la terre italienne ou reçurent du dehors.

Ab Jove principium. Comme chez les Hellènes,
nous découvrons ici tout d'abord, sous des noms, des
formes, des sexes divers, le couple primordial, les
grands parents du monde, le Ciel et la Terre, entourés,
l'un des astres et des phénomènes atmosphériques,
l'autre des fleuves, des forêts, des montagnes et des
abîmes, celle-ci caractérisée par la fécondité, celui-là
par la lumière et la chaleur, reliés tous deux par les
divinités et le culte du feu. Notez bien que, dans le
principe, il n'y eut ni hiérarchie divine ni théogonie.
A mesure que l'homme antique observait un phénomène ou concevait une idée, il leur donnait un nom,
et les distinguait par une épithète significative, germes
de divinités d'autant plus promptes à éclore qu'elles
sortaient plus tôt de la langue usuelle. C'est ainsi que
Sol et *Luna*, le soleil et la lune, sont bien plus dieux
sous les formes Apollon et Diane; ainsi encore que
Tellus et *Tellumo* ne vivent qu'à peine, tandis que

Démèter siége auprès de Zeus. Ce ne sont pourtant que diverses appellations de la Terre. L'importance des dieux se mesurait au degré d'oubli où était tombé le sens d'une épithète ou d'un nom. De là les classements et les théogonies ; des distinctions entre synonymes, des confusions entre mots très-différents, et partout, ornement de cette forêt inextricable, des mythes puissants, des fables gracieuses, enroulées comme des lianes fleuries autour de ces végétations chimériques, où triomphe le subtil et actif génie de la Grèce. Les liens de famille, si flottants encore et si incertains dans les Védas, n'existent pour ainsi dire pas dans la mythologie romaine ; elle semble remonter à l'âge antique, où les déesses n'étaient que les noms féminins des dieux, sortes d'ombres données aux corps des *Adityas* (dieux solaires) : des couples comme Indra et Indrâni, Varouna et Varounâni chez les Aryas, Jupiter et Juno chez les Latins, impliquent un état social où la femme, incorporée à son mari, s'absorbait dans la personnalité virile. Sans doute, les Pélasges, dans leurs migrations à travers l'Asie, empruntèrent à de vieux cultes couschites l'adoration de la forme féminine ; mais, tandis que l'enthousiasme pour la beauté multipliait en Grèce les déesses chastes ou voluptueuses, l'esprit aride et borné des Italiotes n'en admit d'abord que trois ou quatre, et encore sans histoire ; si la liste s'en accrut plus tard à l'infini, ce n'étaient plus que de froides abstractions, comme la Prudence, la Sagesse, la Victoire.

19*

Nous avons énuméré déjà la plupart des noms sous lesquels était adoré le Ciel, père des êtres. Presque tous sont demeurés de simples synonymes ou n'ont exprimé que des nuances très-voisines : *Diovis*, *Jupiter*, *Diespiter*, *Dius Fidius* (1) (Ζεὺς πίστιος); à ces formes correspond le féminin *Juno*, qui reçoit aussi le titre de *mater*. *Janus* (Dianus) et *Diana* ne sont plus le ciel tout entier, mais ce qui brille dans le ciel : le soleil et la lune; toutefois, ils gardent l'un et l'autre des épithètes appliquées à Jupiter et à Junon : Si Janus est nommé *bonus* (duonus) *cerus*, Jupiter s'appelle souvent *Recaranus* ou *Garanus*; or, *Cerus* (c. f. *Ceres*, *Cerimonia*, en grec Κῆρες, les Parques) et *Garanus* (c. f. Κρόνος) sont deux formes de la racine áryenne *Kar*, faire, et peuvent se traduire par créateur (2). De même, le nom de *Lucina* est commun à Junon et à Diane, ce qui implique leur identité (3). Ces rapprochements n'avaient pas échappé à Nigidius Figulus et à Varron, les plus anciens mythologues latins.

Lorsque la conquête de la grande Grèce, l'invasion

---

(1) *Dius Fidius* a pour synonyme *Sancus*, sans doute tiré du même radical que *Sanctus*. M. Bréal démontre que Sancus, ou Recaranus, ou Jupiter, était le véritable héros du mythe de Cacus.

(2) Un nom de Jupiter, *Stator*, épithète védique du soleil *qui se tient sur son char*, achève de l'assimiler à Janus.

(3) *Mater matuta*, la mère du matin ou du jour, était encore un titre commun à Junon et à Diane, comme *Summanus* et *Matutinus* à Jupiter et à Janus.

de Pyrrhus et les guerres Puniques eurent étendu au loin les relations des Romains, il se fit une assimilation facile entre Jupiter et Zeus, Junon et Héra, Diana et Artémis. Sancus et Recaranus se confondirent avec Héraclès. Le seul Janus ne trouva point de synonyme à qui emprunter des aventures légendaires; il demeura un dieu national, identifié avec les génies de Rome et de la Sabine, avec Romulus et Quirinus. Cependant, il ne tarda pas à perdre son caractère céleste et créateur; ses deux faces, qui représentaient le levant et le couchant, ne furent plus qu'un symbole du commencement et de la fin. Divinité civile, Janus préside à l'année, dont le premier mois porte son nom, et surtout aux portes des villes et aux arcs de triomphe. On peut rattacher à Janus certains dieux sans caractère, comme *Adeona*, *Abeona*, *Bonus Eventus*.

Janus avait abandonné de bonne heure le soleil à Apollon, considéré comme sauveur (écartant les nuages et, par suite, les maux), dieu hellénique dont le premier siége, en Italie, fut la ville eubéenne de Cumes. La puissance inspiratrice et prophétique dont Virgile anime sa sibylle semble avoir appartenu à l'Apollon latin dès l'expulsion des Tarquins. Son culte, à partir du décemvirat, devint l'occasion de jeux scéniques, et bientôt les lettres et les arts entrèrent dans ses attributions. Auguste fit d'Apollon son patron, son père et son modèle, le dieu impérial par excellence. Chemin faisant, Apollon avait rapidement reconquis tous les mythes et tous les attributs que la Grèce groupait autour de *Phœbus-Apollon*; dès le IIIe siècle avant notre ère, il était pour les Romains le vainqueur de Python, le meurtrier des Niobides, le frère de Diane-Artémis-Phœbé, le fils de Jupiter-Zeus.

Tout à côté de Janus et sur la même ligne, comme lui synonyme de Jupiter et d'Apollon, mais plus que lui encore rattaché au groupe des divinités terrestres, se place l'antique Mars, protecteur des Sabins; son caractère est la force, et admet les fonctions en apparence les plus contradictoires. Il préside à la germination, aux travaux de l'agriculture, à la boulangerie, à la santé publique; il se plait aux luttes sanglantes, et sa fureur guerrière sème la mort comme sa vigueur printanière semait la vie. C'est le dieu secourable et terrible : antinomie qui se résout aisément lorsqu'on a démontré l'identité de Mars avec Jupiter, Janus et Apollon. La compagne de Jupiter est aussi la sienne; avec Junon-Lucine, la même que *Héré Martea* et *Nério Martea* (1), il favorise le mariage

---

(1) *Here*, c'est ou bien le nom même de Héra-Junon, ou une forme féminine de *Herus*, la maîtresse, la dame.

« *Nerio* ou *Neriene* est, suivant le témoignage des Romains, la déesse de la virilité. Son nom va donc très-bien avec celui de *Martia*. Quoiqu'il ait l'air un peu étrange à première vue, ce nom a encore quelques congénères en latin : *Nero*, surnom de la *gens Claudia* (V. Aulu-Gelle, XIII, 22); *Nerva*, *Nervus*, qui est pour *Neruus* comme *Patruus*. C. f. νεῦρον, où il y a eu métathèse de l'upsilon. A quoi rapporter tous ces noms? Au grec 'ανήρ où α est prosthétique, comme le prouve le sanscrit *nar* « homme. » *Neriene* est donc la *Virile*. » — (Note de M. Michel Bréal.)

et toute union féconde. Le surnom de Quirinus, patron de Cures, lui est commun avec Janus; *Anna Perenna*, qu'on lui donne pour femme, n'est que le féminin d'*Annus*, et l'on sait que Janus, en tant que dieu solaire, personnifie l'année (1). Le sacrifice solennel du cheval, offert par les Aryas à leur divinité suprême, appartient aussi à Mars; le loup d'Apollon (2) lui est également consacré. Apollon est nommé Ἀλεξίκακος et Mars, *Acerruncus*. Le surnom de *Gradivus* l'assimile au soleil s'avançant dans les cieux ou marchant au combat contre les nuées; il monte d'ailleurs le char et lance les traits de Jupiter, d'Apollon, d'Indra; c'est alors que les danseurs armés (Saliens) célèbrent sa venue par une pyrrhique furieuse; c'est alors qu'il est *Picumnus* et *Pilumnus* (3), celui qui fend

(1) Comme dieu de l'année, Janus est nommé *Vertumnus*, celui qui parcourt le cercle éternel.

(2) Le grec λύκος et son congénère *lupus* contiennent, comme *lucina*, *lumen*, la racine *luc*. De là, confusion; consécration du loup à Apollon *Lycéen*.

(3) *Picumnus* (devenu un dieu particulier sous le nom de Picus et confondu avec l'oiseau *Picus*, dont le bec pique et fend le bois); *Pilumnus*, de la racine *Pins* (pistillum, pilum), sont tous deux, comme *Vertumnus*, d'anciens participes présents (ou moyens): *Picumenus*, *Vertumenus*, *Pilumenus* (prononcez *Piloumenos* ou *menol*). Nous verrons plus loin *Tellumo*, qui semble être pour *Tellumno*, *Telloumenos*. Une inscription nous a conservé *amameno*, et nous connaissons tous les secondes personnes du pluriel: *amamini estis*. C'est le grec λυόμενος et le sanscrit *tudamâna*, par exemple. De même, les formes *Pomona*, *Bellona*, *Angerona*, *Fortuna*, *Neptunus*, etc., semblent être des participes, dont on retrouve les analogues en sanscrit: Dwisâna, etc.

et celui qui broie : épithètes divinisées à leur tour, également applicables à la force qui ouvre la terre, qui perce le nuage ou l'ennemi, au guerrier armé du *pilum*, au boulanger maniant le pilon dans le mortier. Mars ne fut réduit au modeste rôle de dieu de la guerre et d'époux de Bellone qu'après avoir été confondu avec le Grec Arès, d'après certaines analogies réelles corroborées d'une ressemblance spécieuse entre les noms. Si, à côté des formes *Marmar*, *Mamers*, on n'en trouvait d'autres comme *Mavors* et *Maurs*, qui font de *Mars* une contraction, on aimerait à dire que Mars et Arès sont deux noms du principe mâle. Mais Preller adopte trop aisément une étymologie aussi douteuse. Tout porte à croire que Mars, synonyme de Jupiter, de Janus et du soleil, est venu d'Asie avec les Pélasges ; toutefois, l'état de la science autorise seulement à le considérer comme un très-ancien dieu italique.

Le groupe des dieux terrestres a pris chez les Latins beaucoup plus d'extension et d'importance que chez les Grecs ; non-seulement il assemble en foule les noms donnés à la terre, aux eaux, les Génies, les Sémons, les Indigètes, mais il emprunte encore ses membres au ciel et au monde souterrain : il englobe Janus et Mars, Vulcain et les Pénates. Préoccupés avant tout de l'agriculture et de la vie pratique, les Italiotes voulaient voir leurs dieux de près, dans leurs forêts, leurs champs et leurs enclos ; ils les appropriaient à leurs goûts dominants.

En tête marchent les couples antiques : Tellumo et Tellus, Saturne et Ops, Consus et Consivia, Faunus et Fauna, Anxur et Angerona, Liber et Libera. La terre, c'est encore et surtout Cérès, Maïa, Bona Dea, Dia, Lua, Mater Larum, Acca Larentia, Flora, Féronia, Vénus. Joignez-y, à mesure que l'Orient pénètre le monde romain, la *Magna mater* de l'Ida, la Grande Déesse, Isis même et d'autres encore. Parmi toutes ces divinités similaires, choisissons celles qui nous apparaissent avec un caractère particulier ou un nom mal expliqué.

Tellus ne nous arrêtera pas longtemps ; son nom, étant toujours demeuré un mot de la langue commune, n'a pu constituer une personnalité, ni grouper autour de lui ces légendes qui sont le travail d'une curiosité ignorante. Néanmoins, telle est l'importance de la terre qu'on retrouve souvent Tellus associée à Jupiter dans les invocations. Tombeau commun des choses, elle a place dans les prières à côté des mânes. Dans ce sens, on la nommait *Lua*, celle qui dissout ou qui délivre (1). La puissance féconde était expliquée par les surnoms de *Mater* et d'*Ops* ou *Opis* que lui donnaient les Osques *(Opici, Opsci, Osci)*. A partir du temps d'Ennius, Tellus et Ops se confondirent avec Rhéa. Livie, qui aimait à prendre la figure

---

(1) On peut aussi rapprocher Lua de Maïa. La première délivre les bourgeons que la seconde développe : grec λύω et latin *majus*.

de Rhéa, fonda, dans le *Vicus Jugarius*, un autel d'Ops-Augusta. Maïa, celle qui fait croître, patronne du mois de mai, Bona Dea, Fauna, la favorable ou la prophétique, ne sont aussi que des noms et des formes très-antiques de Tellus et d'Ops.

On rattache généralement *Angerona*, une vieille divinité italique, à la même racine que *angor* et *angere*. Mais cette étymologie nous paraît douteuse, et pareillement celle qui interprèterait Lua dans le sens de maladie contagieuse. Nous retrouvons bien dans Angerona, comme dans Anxur (Jupiter Anxur), la racine *ang*, *ank* ou *anch*, impliquant le mouvement, l'action, la puissance qui embrasse le monde : ce seraient là deux synonymes masculin et féminin de Gradivus.

Carmenta ou Carmentis, compagne d'Évandre et déesse des accouchements, est une sorte de Junon enchanteresse, une puissance évocatrice. L'acte par excellence pour les Aryas, *Karman*, est le sacrifice accompagné des rites et des paroles sacramentelles : tel a dû être aussi le sens de Carmenta et de *Carmen*, le poëme sacré, prophétique, l'évocation magique et comme une création de la divinité par la parole. De cette Carmenta, une analogie encore mal expliquée rapproche les Camènes (1), plus tard

---

(1) Il y avait aussi une nymphe Canens, maîtresse de Picus. Les Muses étaient filles de Mnémosyne; on donna pour mère aux Camènes Moneta, l'un des noms de Junon, et devenue plus

assimilées aux muses. Nous y joindrions peut-être
Vacuna (1), très-vieille divinité sabine, dont les attri-
buts se sont partagés entre Diane, Cérès, Vénus,
Bellone, Victoria et Minerve.

On ne peut guère douter que Saturne, Faune,
Consus, Hercules n'aient été le même personnage.
Leurs noms sont également vénérables et antiques,
leur caractère assez vague, leur légende confuse et
bientôt hellénisée. Leur empire est terrestre, mais je
ne sais s'ils ne viennent point du ciel, obscures épithètes de Dyaus, de Jupiter ou de Mars. L'étymologie
proposée pour Saturne (*serere*, *satus*, *sator*) n'est
guère contestable ; l'allongement de *à* s'explique par
la forme *Saeturnus*, contraction de *Saseturnus* qui
renferme un redoublement de la racine. D'ailleurs,
ses attributs, son culte prouvent bien qu'il présidait à
la végétation, aux semailles et aux récoltes. Mais
Mars lui-même remplissait le même office. Il doit y
avoir quelque chose de plus qu'un semeur sous ce
nom antique de *Saturnus*, qui était celui de l'Italie

---

tard gardienne du trésor et de la monnaie. Telles étaient les
attributions de Moneta lorsque Livius Andronicus, au début de
son odyssée, en fait la mère des muses. (Voir Bréal, *Hercule et
Cacus*, p. 30.) La forme primitive *Casmena* est peut-être un
lien entre *Camena* et *Carmen*. Dans *Camena*, *s* est tombé ;
dans *Carmen*, *s* se serait transformé en *r*. Mais ce changement,
si fréquent dans les dialectes italiques et le latin, si caractéristique, ne se produit ordinairement qu'entre deux voyelles.

(1) *Vacuna* : est-ce la parole divinisée, *Vak* ; ou bien faut-il
la rapprocher de *vacare*, *vacuus*? Ce serait alors la déesse des
gouffres, de l'abîme infernal ou céleste.

entière, *Saturnia tellus*. Les fables postérieures d'âge d'or, de dieu exilé du ciel, ont beau voiler d'un masque débonnaire la vague et sombre figure de Saturne, on ne peut oublier que des hommes étaient égorgés sur ses autels. La faux qu'il brandit aura fait illusion à des peuples agriculteurs ; pour nous, elle nous rappelle cette faux terrible qui, dans Hésiode, mutile Ouranos et sépare le ciel et la terre, faux de lumière qui met fin au chaos. Ajoutons que Ops, Lua, et généralement tous les synonymes de Tellus, étaient les compagnes de Saturne. A partir d'Ennius, il fut confondu avec Cronos, non sans raison peut-être. Faut-il associer Consus à Ops Consivia et les rattacher à la racine *su*, engendrer, semer ; ou faire de Consus un dieu caché *(condere)*, un Dis-pater ? La dernière étymologie nous semble la seule admissible. Quoi qu'il en soit, dieu des semences, du mariage, des trésors souterrains, Consus est, pour le moins, aussi antique et aussi vénéré que Saturne. Il s'effaça, lors de la fusion gréco-latine, comme beaucoup d'autres qui faisaient double emploi.

Le nom de Faune est resté, bien que l'Arcadien Pan (1) soit venu de bonne heure lui enlever au moins

---

(1) Pan, le dieu pastoral de l'Arcadie, a dû être un nom du soleil. Il partage plusieurs des surnoms et des attributs d'Apollon. Rappelons Apollon pasteur des troupeaux d'Admète : c'est le soleil, pasteur des nues. La racine *Pa*, qu'on retrouve dans Palès, a donné naissance à de nombreux dérivés sanscrits : *Pâla, Pâlaka*. Elle implique l'idée de protection, d'appui.

la suzeraineté de son domaine sylvestre. Faune est encore un dieu italique, fécondateur, amoureux, patron des troupeaux et des bergers, prophétique et parfois terrible, lorsque sa grande voix gémit dans l'épaisseur des forêts. Les Faunes, les Nymphes, les Vires (puissances féminines) composaient son cortége. Sa compagne était Fauna, Fatua, Favola, Faula, Vitula (1); ses surnoms Junus et Lupercus; il a pour fils Fontus (2) ou Fonus, le père des sources. Il frappe Fauna d'un rameau de myrte et s'unit à elle sous la forme d'un serpent (symbole de renouvellement). On a dérivé *Faunus* de *favere* et de *fari*, étymologies très-vraisemblables, surtout la première ; mais qui sait si le radical du grec φῶς, φάος (lumière) est étranger à la formation d'un nom si ancien ? Faune se rapprocherait ainsi de Jupiter. D'autre part, il est bien voisin de Saturne : les chants primitifs de l'Italie se nommaient indifféremment vers fauniques ou saturnins. Sylvain n'est qu'une doublure de Faune. Palès, à la fois dieu et déesse, répond exactement

----

(1) Impossible de ne point rapprocher de *Vitula* un des noms que les Védas donnent à la terre : *mahi*, la grande et la vache. Pour nos premiers ancêtres, toute puissance féconde était appelée vache.

(2) Fons ou Fontus était indifféremment fils de Janus ou de Faune. On lui donnait pour compagne Juturna, qui ressemble autant que possible à Junon. Les anciens ont très-rapidement assimilé l'élément lumineux et l'élément humide : c'est du soleil que vient la pluie ; le feu et l'eau sont corrélatifs.

à Pan; elle ou il fut confondu avec Dea Roma. (C. f., Jupiter *Ruminus.)*

Preller tient que l'Hercule latin et l'Héraclès grec sont deux formes d'un même nom, et que le second est le prototype du premier. Mais ses raisons ne peuvent prévaloir contre des surnoms comme *Rusticus, Domesticus, Genialis, Agrestis.* Avec Sylvain, dont il partage l'autel, avec les Sémons et les Pénates, ses congénères, l'*Hercules* sabin (ou mieux *Herculus)* doit être rangé parmi les qualificatifs ou dédoublements de Mars et de Faune; c'est le gardien de l'enclos *(herctum).* Une ressemblance fortuite de son a fait confondre deux divinités originairement distinctes; ajoutons que, de très-bonne heure, des traditions étrusques ou cuméennes ont pu introduire dans le Latium la légende d'Héraclès (1). C'est ainsi que le vieux *Hercules,* laissant ses fonctions à *Terminus,* à *Horta,* aux Pénates, à Vesta et encore à l'Asiatique Priape, a dépouillé de leur rôle, dans l'histoire de Cacus, Sancus et Garanus, c'est-à-dire Jupiter lui-même. Nous venons de mentionner Vesta : c'était comme l'Ἑστία grecque, la déesse de la maison et de la cité *(Vas,* habiter, demeurer). Nous la retrouverons, avec

------

(1) M. Bréal, dont nous relatons ici l'opinion fortement motivée, fait remarquer que, si *Hercules* et *Heracles* venaient d'une même racine, le premier, selon les lois de l'étymologie latine, s'écrirait *Sercules* : c. f. *septem,* ἑπτα; *sex,* ἕξ; *sequor,* ἕπομαι; *serpere,* ἕρπειν. *Herculus* est un diminutif, comme Romulus, Faustulus, Cœculus, Pœnulus.

ses compagnons les Pénates *(penus*, provisions et mobilier), avec les Lares (esprits des ancêtres), lorsque nous aurons à caractériser l'origine et la forme générale du culte.

Cérès (1) n'est autre que Tellus, Ops : c'est la terre créatrice, le féminin de Κρόνος et de Garanus (racine *kar)*, et la mythologie gréco-latine l'a très-justement assimilée à Dèmèter et à Cybèle. Mais ses compagnons, Liber et Libera, ne sont pas aussi étroitement liés à Dionysos et à Perséphonè. Ils ont plus de rapport avec le dieu védique Sôma. *Liber pater*, c'est la vertu de la libation sacrée, un frère d'Agni et de Vulcain, médiateur puissant entre l'homme et le ciel, évocateur et créateur des dieux, dieu lui-même, élément viril de la génération, source de la fécondité, protecteur des biens de la terre. Tel est aussi le caractère complexe de Vulcain (âryen *oulka?)*, tison céleste, feu jailli du frottement des bâtons sacrés, principe lumineux de la vie et des arts. Vulcain est l'essence même de la divinité; à la fois Mars, Saturne et Jupiter, on lui donne pour compagnes Maïa *(Maïa Volcani)* et Stata mater. (C. f., *Jupiter Stator.)*

Comme tous les dieux de la lumière et de la vie,

---

(1) C. f. *Circe*, fille du soleil, amante du héros Picus (Mars). *Ceres* est le féminin d'un ancien mot *Cerus*, qui signifie « génie, dieu. » Quant à l'étymologie, elle est rendue douteuse par la forme osque *Kerrus*, où le redoublement de *r* semble cacher une assimilation, peut-être celle d'un *s*.

Vulcain présidait aussi aux sources ; il n'était pas un étranger pour toutes ces nymphes magiciennes qui chantaient avec la brise et les eaux. Il a dû souvent, lorsque les Romains ne connaissaient pas encore la mer, rencontrer dans les bois Neptune, père ou frère des Napées, dompteur de chevaux, celui-là même qui devint le dieu de l'élément liquide en général, et se confondit avec Poséidon. Il a dû aimer cette Vénilia, naïade qui me semble proche parente de Vénus. Ainsi s'est-il identifié aisément avec l'Héphaïstos des Grecs.

Vénus, la désirable, la belle, c'est toujours la vieille Tellus rajeunie, une Cérès, une Maïa voluptueuse et printanière. Son nom, malgré son antique origine, ne se rencontre que tard ; mais son culte est aussi ancien que celui de la terre. Elle semble s'être appelée d'abord Murcia (de *mulcere*, c. f. *Mulciber*, épithète de Vulcain), Cloacina, Libentina, et surtout Feronia, Ferentina, Herentatis, mots de même origine et où se retrouve, comme dans Fors, Fortuna, Portunus, le radical *fer (Bhar)* : elle porte, elle entraîne à l'amour. Elle est très-voisine d'Acca Larentia, la mère des Lares et de Flora. Tout d'abord assimilée à l'Aphrodite hellénique, on sait quelle splendeur son culte reçut de la légende julienne ; le triomphe de César et d'Auguste en fit une divinité nationale, compagne inséparable de Roma.

Jusqu'ici, toutes ces divinités du Ciel et de la Terre ne nous sont apparues que débonnaires, joyeuses,

pleines de fougue et de vie débordante. Mais leur
physionomie présente deux aspects bien différents ;
elle a ses heures sombres, funestes et ses côtés terribles. Ce sont bien les mêmes dieux, Saturne, Ops, Vesta,
Vénus ; mais ils ne veulent plus de fleurs, d'encens,
de victimes destinées à de joyeux festins ; pour hommage, ils demandent des pleurs et des gémissements ;
pour offrande, ils réclament du sang, non point le sang
des chèvres et des génisses qu'Homère fait boire aux
ombres de ses enfers, mais même du sang humain. Ils
prennent des noms sinistres : Jupiter se transforme
en Dis-pater, le pacifique Herculus est Orcus, l'enclos
de la tombe ; Tellus devient Lara, Larunde, Mania,
Furina ; la douce Vénus elle-même prend le masque
implacable de Libitina. Le monde inconnu de la mort
inspire aux Romains une terreur respectueuse ; ils y
entrent sans trembler, et cependant, à chaque heure,
ils la comblent de sacrifices, de vœux ; ils entendent
sa voix qui les appelle ; ils voient partout son visage
lugubre. De là ces expiations, ces minuties du culte
domestique. Et cependant, au fond de tant de pratiques superstitieuses et bizarres, réside un sentiment
juste et vrai, une profonde intuition de la connexité
de la vie et de la mort. Le va-et-vient de l'éternel
mouvement est la mesure de toute destinée ; il faut
que toute forme s'use et périsse à son tour ; mais si
elle a transmis à une autre le feu de la vie, son existence se prolonge au-delà du tombeau. Les morts
vivent dans leurs enfants. C'est pourquoi jamais, sur

l'autel domestique, ne doivent s'éteindre le souvenir des aïeux et le foyer de Vesta. Ce qui, déjà pour les Pélasges, et pour nous à plus forte raison, est devenu une source d'aberrations mystiques, était pour les pontifes poètes du haut Indus la claire perception de cette réalité : l'alternance et la lutte harmonieuse de la renaissance et de la mort, ouvrières infatigables de la vie, attachées à jamais à la trame infinie des choses.

Bien des tâtonnements sans doute précédèrent cette conception sublime, et le culte des morts, quoi qu'en pense M. Fustel de Coulanges, dans son beau livre sur *la Cité antique*, ne fut point la première religion des mortels. La forme même de ce culte paraît de beaucoup antérieure à l'idée qu'on y enferma. Les chants védiques nous y montrent clairement la commémoration de la découverte du feu ; lors même que l'imagination sèche et pauvre des Latins n'aurait rien conservé du mythe de Prométhée, on en trouverait encore la trace dans le renouvellement hiératique du feu sacré par le frottement de deux branches ou la concentration des rayons solaires. A la découverte du feu se rattache celle du pain ; aussi la grande solennité des *Vestalia* était-elle demeurée la fête des meuniers et même de leurs ânes.

Avant ce grand avénement du feu et du pain, fondateurs de la vie sociale, les pâtres de l'Arie primitive ont vécu sans dieux proprement dits, célébrant avec joie ou terreur dans leurs hymnes les grands

spectacles de la nature. Celui qui les frappa le plus
et leur inspira des descriptions les plus variées, c'est
la marche du soleil et ses combats toujours victorieux
contre les orages et les nuées. Voilà le mythe le plus
antique de nos races et que toutes ont emporté dans
leurs migrations, avec le culte du foyer et des morts.
Avant le feu, l'homme a adoré la lumière. Le sentiment de leur identité n'a pas peu contribué à confondre les divinités du ciel et de la terre ; elles ne furent
plus que des figures variées remplies d'une même
essence féconde.

L'histoire du soleil et de la nue est à peu près la
seule tradition âryenne que les Latins aient gardée
sous la forme mythique ; encore y ajoutèrent-ils de
bonne heure quelques ornements helléniques. Ils
n'avaient qu'à choisir : guerre des géants et des Titans, d'Apollon et de Python, innombrables travaux
d'Héraclès, et tout ce que cette donnée féconde a
fourni de richesses à la poésie. La ressemblance des
noms les décida en faveur d'Hercule, et le héros grec,
vainqueur de Géryon, fut appelé à combattre Cacus
(Cœculus, fils de Vulcain). Nous renvoyons à M. Bréal,
dont nous avons souvent cité l'ouvrage et les opinions,
ceux qui veulent connaître ici la part de la tradition
latine et de l'importation grecque.

Dès que l'homme eut réuni dans l'idée de fécondité
universelle la lumière et le feu, dès qu'il eut absorbé
et fondu les puissances de mort dans les puissances
de la vie, il dut élever la pensée humaine au rang

des plus nobles manifestations de la grande nature. De très-anciens hymnes adorent comme dieux suprêmes la virilité, l'esprit et la parole. Les Grecs firent de Métis la première épouse de Zeus. La Menerfa des Étrusques, Minerve des Latins (C. f. le sanscrit *Manas* et le latin *Mens*), ne tint pas un moindre rang dans les cultes italiques. Elle était très-voisine de Junon Moneta et de Vénus Mimnermia ; et son titre de Capta et de Capita *(Caput)* la prédestinait à une assimilation rapide avec l'Athènè qui sortit de la tête de Zeus.

Une fois la pensée humaine incarnée dans les dieux de la nature, il était logique d'en faire des Génies essentiellement préoccupés de l'homme et des principaux événements de sa vie. Tel fut le rôle des dieux Indigètes (1), qu'on pourrait appeler spéciaux, et qui vinrent présider complaisamment au mariage, à la conception, à la grossesse, à l'accouchement, au premier cri de l'enfant, à son éducation, aux passions de la jeunesse, à la santé, à la mort, à la sépulture. Une autre série d'Indigètes favorisait la culture et protégeait en détail les biens et les occupations des hommes.

---

(1) Les Latins eux-mêmes perdirent de très-bonne heure le sens vrai du mot *indiges* ; ils en firent le synonyme d'*indigène*. Ainsi, Virgile s'écrie : « *Di patrii Indigetes*. » Pour nous, *indiges*, c'est *index*, d'une racine qui veut dire signaler, indiquer, et qui se retrouve dans nombre de formes grecques et latines. Voir la thèse de M. Bouché-Leclerc sur les *Pontifes romains et la Liturgie latine*.

Tous ces dieux n'étaient autres que Jupiter, Junon, Janus, Ops, Vénus, considérés comme serviteurs de l'humanité.

Nous voici, non sans lacunes, arrivés au terme d'un sujet bien vaste, et que nous quittons à regret, tant la mythologie importe à la saine philosophie, en un temps où les nations âryennes, enfin instruites de leur parenté (1), se préparent à marcher de concert dans la voie trop longtemps abandonnée que leur traçaient dès l'origine leurs aptitudes et leur génie. Souvenons-nous qu'en cherchant à déterminer les rapports qui unissent la nature et l'homme, nos sciences ne font que reprendre l'œuvre de nos pères intellectuels et justifier les intuitions védiques. Il y a quatre mille ans que le but nous est marqué ; longtemps caché à nos yeux par l'inextricable forêt des légendes et des fables, végétation fleurie et magnifique de l'adolescence humaine, aujourd'hui, du fond de l'Orient, il nous luit à travers les âges, perçant à jour les religions de l'Inde, de la Grèce et de Rome.

----

(1) Écrit avant 1870.

L'ÉPOPÉE FINNOISE [1].

La race finnoise, proche voisine, par le mécanisme linguistique et les affinités originelles, des peuples tartares et mongols, semble avoir la première occupé l'Europe. Successivement refoulée, écrasée ou absorbée par les invasions gauloises, scandinaves, slaves, elle n'aurait plus de représentants directs dans le monde que les populations, jadis suédoises, aujourd'hui russes, groupées sur le rivage oriental de la Baltique, les Prussiens orientaux, puis les Lapons, enfin, au dire de quelques linguistes aventureux, les Basques. Mais elle reconnaît encore de très-proches parents chez les demi-nomades répandus sur le ver-

-----

(1) Au moment où paraît cette esquisse de la mythologie finnoise d'après le livre de M. Léouzon-le-Duc, M. Ujfalvy publie une version littérale du Kalévala, texte finnois et traduction française en regard. (Plusieurs livraisons sont en vente chez M. Ernest Leroux.)

sant septentrional de la grande chaîne Altaïque. Presque toute la Russie de l'est et du nord, malgré son déguisement slave, est restée en partie finnoise.

Ces Finnois, dont l'existence nationale ne s'est pas prolongée au-delà du x⁰ siècle, n'ont jamais eu d'histoire ni de littérature écrite. Il ne restait d'eux que le nom, lorsque la réunion de la Finlande à la Russie suscita une sorte de pacifique mouvement national, un retour aux coutumes antiques, un désir de reconstituer, sinon les annales perdues, au moins la vie intellectuelle, poétique, morale d'une race si éprouvée, et qui ne veut pas disparaître sans laisser au moins trace de son passage. Cet effort, si tardivement qu'il se soit produit, n'a pas été infructueux ; la mémoire des peuples est d'autant plus tenace et plus sûre qu'ils ont moins de moyens de la suppléer ; moins ils écrivent et plus ils se souviennent, et c'était justement le cas des Finnois : une foule de récits, de chants et de poëmes, traditionnellement conservés, s'étaient transmis de père en fils ; on les sait encore, et on les répète chaque jour dans les villages finlandais et sous la tente du nomade ; c'est là que d'intelligents érudits les ont été chercher ; c'est là que le docteur Lönnrot a pu recueillir des fragments sans nombre qui, juxtaposés, se sont trouvés constituer une vaste épopée nationale, comparable au Ramayana, aux Nibelungen, à l'*Odyssée* même et à l'*Iliade*. Il faut avouer que l'éclosion toute récente de ce cycle, qui a pris le nom de *Kalévala*, Pays ou Monde des héros, apporte une confirmation singulière, et d'une force presque invincible, aux hypothèses modernes sur la formation lente et fragmentaire des épopées. Si les noms de Vyâsa et d'Homère sont justement acquis aux premiers assembleurs intelligents des traditions indiennes et helléniques, comment ne pas reconnaître à Lönnrot ce titre d'Homère finnois que lui a décerné l'admiration reconnaissante de ses compatriotes ?

Une première édition du *Kalévala* parut en 1835, bientôt suivie d'un *Kantelétar* ou recueil de chants qui tient, dans le cycle héroïque des Finnois, mais avec plus d'étendue, la place des hymnes et fragments dans le cycle homérique. La publication du *Kalévala* fut un véritable événement national. « Les bardes (ou *Runoïat*), sollicités par l'élan général, se montrèrent aussi prodigues qu'ils s'étaient montrés réservés jusqu'alors ; les Runes *(Runot)* débordèrent. » Une Société académique finnoise, fondée à Helsingfors en 1831, « envoya des collecteurs de *runot*, subventionnés par elle, dans toutes les parties de la Finlande, principalement dans celles qui n'avaient pas encore été visitées ou qui ne l'avaient été qu'imparfaitement. Pas un village, pas un hameau ne furent oubliés. Ce grand travail dura plusieurs années. On centralisa alors tous les matériaux recueillis à la Société académique, qui les livra à Lönnrot. » Nous avons cité ce passage qui nous a paru des plus propres à étonner des races comme la nôtre, où les moyens mnémotechniques, l'écriture et l'imprimerie, ont si fort émoussé et diminué la mémoire. L'existence de rhapsodes contemporains qui déclament, ou plutôt qui déclamaient, avant que l'impression du *Kalévala* leur enlevât leur raison d'être, des poëmes vieux de vingt ou trente siècles, l'attitude bizarre, enfantine, traditionnelle de ces *runoïat*, à cheval sur un banc et se tenant les mains, leur répugnance, assez rapidement vaincue, du reste, à révéler leur science aux profanes, toutes ces traces vivantes et manifestes d'âges antéhistoriques, ont de quoi nous plonger dans une stupeur profonde, parfois mêlée d'une défiance qui s'évanouit devant le fait de cette académie cons-tituée *ad hoc*, devant les noms et l'attestation des collecteurs. Il serait vraiment bien curieux, bien utile d'ajouter en note, au bas de chaque page, toutes les indications locales, anecdotiques, con-cernant l'épisode ou le morceau élevé par Lönnrot à la dignité épique. Le promeneur qui a fait un bou-quet dans les champs, les prés, les bois, aime à dire : J'ai cueilli cette églantine dans la chesnaye, ce mu-guet bleu dans le sentier de l'étang ; voilà un orchis, une labiée qui ne poussent que dans tel ravin, dans tel canton que vous savez. Sous quel lentisque de Samos, en quelle anse de la côte ionienne, l'antique Homère a-t-il recueilli les adieux d'Andromaque, les propos des vieillards sur les tours de Scée, les jeux de Nausicaa, la descente d'Ulysse aux enfers ? Nous ne le savons pas, nous ne le saurons jamais ; au moins serait-il doux, puisque c'est possible, de connaître la maison, le village finnois, la yourte mongole où s'est conservée la légende de la Vierge des eaux, le nom du *runoia*, qui, le dernier, a su les aventures du Forgeron céleste ou du fleuve *Tuoni*, les amours du joyeux Lemmikäinen et la puissance magique du vieux Wäinamöinen, l'imperturbable.

M. Léouzon-le-Duc, qui avait traduit la première édition du *Kalévala* (1845), nous présente aujourd'hui l'épopée finnoise sous sa forme définitive, telle que Lönnrot l'a constituée et publiée par deux fois, en 1849 et 1865. C'est un poëme de cinquante chants et de près de vingt-trois mille vers, où s'amalgament une foule de souvenirs mythiques et légendaires, souvent altérés par le contact des Germains et des Slaves. On y aurait aisément trouvé les éléments d'une Odyssée aventureuse, d'une Iliade guerrière, et aussi d'une Théogonie d'Hésiode.

La première *runo* est cosmogonique. Après un début original, le rhapsode nous conte que la Vierge de l'air est descendue sur les vagues, où le souffle du vent l'a fécondée, qu'un aigle ou un canard (lisez : cygne !) a déposé ses œufs sur son genou, et que ces œufs en se brisant ont formé la terre, le ciel, le soleil, la lune, les étoiles et les nuages. La Vierge de l'air façonne les choses, portant dans son sein Wäinamöinen, le Runoia éternel, qui se dégage enfin de sa mère et prend pied sur le cap inconnu d'une île déserte ; nous voyons l'antique héros déposer dans le

sol le germe du chêne, défricher les forêts qui arrêtaient la lumière du jour, et récolter les moissons
qu'il a semées. Wäinamöinen est, avant tout, un
barde, un *runoia ;* dans ses créations et dans ses
luttes, il n'a guère qu'un instrument et qu'un moyen,
la magie de ses paroles. C'est par des incantations
puissantes qu'il triomphe de Joukahainen, le maigre
garçon de Laponie, et le contraint à lui promettre en
mariage sa sœur Aïno. Mais il n'a point le charme
qui donne l'amour ; quel talisman effacerait les rides
de la vieillesse ? Aïno refuse de l'épouser et se noie
de désespoir. Le vieux fiancé la repêche sous la forme
d'un poisson qui lui échappe et qui ne revient pas. Il
part alors, monté sur une sorte d'hippogriffe, pour
les sombres régions de Pohjola, désireux de trouver
une autre femme. Mais sa monture est tuée par les
flèches de Joukahainen ; il tombe dans la mer et sur-
nage pendant dix jours, jouet d'une affreuse tempête.
Louhi, reine de Pohja, le recueille et lui demande un
talisman de forme et de nature mystérieuse, le
Sampo ; de retour au Kalévala, il lui envoie le forgeron Ilmarinen, celui qui a martelé le couvercle des
cieux, et qui seul peut satisfaire son désir. Cependant, il a aperçu la vierge de Pohja, « assise sur la
voûte de l'air, » appuyée sur l'arc-en-ciel, resplen-
dissante dans ses vêtements blancs, et lui demande
sa main. Elle lui impose plusieurs épreuves, dont il
va triompher, lorsqu'il se blesse grièvement au genou
avec sa hache. Un vieillard, qui sait les *paroles*

originelles du fer, arrête son sang et ferme sa plaie.

Ilmarinen, emporté par le vent, arrive dans le Pohjola, chez la reine Louhi, et réussit à forger le Sampo; mais la vierge de Pohja refuse de le suivre. Un autre héros de Kaléva, qu'on nomme Ahti, Kaukomieli ou Lemmikainen, tente l'aventure. La vierge de Pohja, sorte d'Hélène capricieuse, lui impose aussi plusieurs épreuves dont il va sortir vainqueur, lorsqu'un vieux, un noir magicien, lance contre lui un serpent qui le tue. Lemmikainen, le joyeux patineur, « le facétieux compère, » roule dans les tourbillons infernaux du fleuve Tuoni. Sa mère recueille ses débris et les rend à la vie par l'application d'un baume magique.

« Le vieux, l'imperturbable Wäinamöinen n'avait pas renoncé à la vierge de Pohja ; » il recommençait bravement la troisième épreuve, qui consistait dans la construction d'un bateau. Trois paroles lui manquent, il descend dans le Tuonela pour les trouver, et les arrache au géant Wipunen qu'il a réveillé dans sa tombe. Son navire achevé, il vogue vers Pohjola, où Ilmarinen le rejoint. *La fille de Louhi* dédaigne encore le vieux *Runoïa* et se décide en faveur du jeune forgeron des cieux. Après de nouvelles épreuves, le mariage a lieu ; les noces sont pompeusement et joyeusement célébrées, et la vierge de Pohja suit en pleurant son époux, dans la maison nuptiale, où ils sont reçus par Wäinamöinen, qui joue dans le festin le rôle des rhapsodes homériques.

Lemmikainen a été exclu des noces ; il gagne Pohjola à travers mille dangers et ne recule que devant une armée magique évoquée par Louhi ; il s'enfuit sous la figure d'un aigle, et se cache dans l'île de Saari, d'où le chassent les intrigues d'une vieille fille qu'il a dédaignée. Pour venger sa maison pillée durant son absence, il se résout à une nouvelle guerre contre Pohjola, puis y renonce.

Le bonheur d'Ilmarinen n'a pas duré longtemps. Sa femme a péri victime de je ne sais quel mauvais tour qu'elle avait joué à son vacher Kullervo. Par un charme de ce Kullervo, ses génisses, changées en louves et en ourses, l'ont dévorée. Ilmarinen, désolé, se forge une autre femme en or et en argent ; mais n'en pouvant supporter le contact glacé, il l'offre à Wäinamöinen, qui la refuse et qui « exhorte tous ceux de sa race à ne jamais rechercher pour épouse une fille d'or, à ne jamais courir après une fiancée d'argent. » Une seconde union avec une autre fille de Louhi ne réussit pas mieux à Ilmarinen : sa fiancée le trompe la nuit même où il l'a enlevée.

Wäinamöinen, Ilmarinen et Lemmikainen unissent alors leurs ressentiments : ils marchent contre Pohjola. Le prix de la victoire doit être le *Sampo*, cet autre *Palladium*. On part sur le navire enchanté du Runoia ; des os d'un brochet gigantesque, le barde construit une harpe ou *kantele*, dont les accents charment les dieux, les hommes, la nature entière ; lui-même, il est ému jusqu'aux larmes ; ses pleurs

coulent dans la mer et s'y changent en perles fines.
Le *kantele* endort les habitants de Pohjola. Dès lors,
la conquête du *Sampo* est aisée ; mais les chants
rauques du joyeux Lemmikainen ont réveillé Louhi ;
une tempête assaille les trois héros et précipite dans
les flots le *kantele* et le *Sampo*. Les trois héros,
échappés au naufrage, luttent contre les armées de
Louhi qui, changée en aigle, couvre ses soldats de
ses ailes. Les exploits de Lemmikainen, les enchantements du Runoia décident la victoire en leur faveur.
Ils abordent sains et saufs aux rives de Kalévala et y
établissent le *Sampo*, dont les débris ont été rejetés
par les vagues. « Le vieux, l'imperturbable Väinamöinen se fabrique un nouveau kantele et en tire de
sublimes accords. » Il déjoue les ruses de Louhi et
sauve son peuple des monstres infernaux qu'elle a
déchaînés contre Kaléva. Une prospérité sans égale
règne dans les régions que protége le Sampo. Des
cérémonies solennelles célèbrent la victoire du Runoia
sur un ours furieux, nouvel allié de Louhi. Mais la
vieille reine de Pohjola s'avise d'un expédient radical : elle enferme dans un rocher la lune et le soleil ;
Ukko, le dieu suprême, les cherche en vain, il fait
tournoyer son glaive d'où jaillit une dévorante étincelle qui va se cacher dans le ventre d'un brochet
monstrueux. Wäinamöinen et Ilmarinen pêchent le
fatal poisson et tirent le feu de ses entrailles ; ce n'a
pas été sans courir de terribles dangers ; Ilmarinen
surtout a souffert des atteintes de la flamme ; il n'en

guérit qu'en se plongeant dans la neige et la glace. Une lune d'or et un soleil d'argent, œuvre du forgeron céleste, remplacent très-mal les astres perdus; il faut absolument les reconquérir. Louhi cesse enfin de résister aux conjurations et à la force des armes; elle délivre ses lumineux prisonniers. Hélas! les dieux et les héros de Kalévala ne peuvent jouir en paix de leur suprême triomphe. Un petit enfant, le fils d'une baie qui est descendue dans le sein de la chaste vierge Marjatta, le dieu nouveau-né dans une crèche, confond la sagesse de Wäinamöinen et brave ses menaces (1). C'en est fait de la puissance du Runoia, de la gloire de Kaléva: saisi de colère et de honte, « il alla errer le long des rivages de la mer; là, il chanta, il chanta pour la dernière fois, et, par la force de son chant, il se créa une barque, une jolie barque de cuivre. Puis, il s'assit au gouvernail; il se dirigea vers la pleine mer, et, tandis qu'il fendait les vagues, il éleva la voix et dit : « D'autres temps passeront, d'autres jours se lèveront et disparaîtront; alors on aura de nouveau besoin de moi ; on m'attendra, on me désirera pour apporter encore un Sampo, pour fabriquer un nouveau Kantele, pour retrouver la lune et le soleil disparus, pour ramener avec eux la joie exilée de la terre. » Et le vieux Wäinamöinen s'élança sur son navire de cuivre, à travers les flots orageux, et il

---

(1) Cette fin est, comme on voit, postérieure à l'introduction du christianisme, et date de la fin du moyen-âge.

gagna les horizons lointains, les espaces inférieurs du ciel. Là il s'arrêta avec sa barque, il se fixa avec son navire ; mais il laissa son Kantele, son instrument mélodieux à la Finlande, il laissa la joie éternelle à son peuple, les *Runot* sublimes aux fils de sa race !

Telle est la trame étrange, fantastique, souvent interrompue par de vastes lacunes, souvent réparée à l'aide de morceaux d'emprunt et de digressions incohérentes, tel est l'immense canevas où sont brodées, en fils précieux, les destinées et les croyances de la race finnoise. Bien des éléments étrangers se sont mêlés et confondus dans ce trésor ; à moins d'admettre que les Tartares et les Indo-Européens ont puisé aux mêmes sources leurs mythes et leurs légendes religieuses, il faut reconnaître en mille passages la trace d'idées apportées à l'Occident septentrional par les invasions scandinaves et slaves. Ainsi, le chêne est consacré à Ukko ou Jumala, comme au Zeus Dodonéen ; ainsi la constellation que les Grecs appelèrent le baudrier d'Orion est nommé le glaive de Wäinamöinen ; Ilmarinen forge une femme d'or et d'argent, rivale de la Pandore fabriquée par Vulcain. La fille d'Ilmâ, qui flotte sur les eaux, rappelle Aphrodite ; l'oiseau qui dépose les œufs sur le genou de la Vierge des mers est proche parent du cygne de Léda. Les morts habitent les bords d'un Cocyte ou d'un Styx vertigineux, le fleuve Tuoni ; les divinités sont dites *donneuses*, comme les dieux du Véda et d'Hésiode. Lemmikainen, nouvel Achille, a été par sa mère

« baigné dans l'eau trois fois, pendant une nuit d'été,
neuf fois pendant une nuit d'automne. » Il est sans
cesse question de ces vaches fabuleuses, qu'on retrouve
dans toutes les légendes solaires. Enfin, la lutte entre
Kalévala et Pohjola est cet éternel combat entre la
lumière et les ténèbres, qui est au fond de la mythologie Védique et des travaux d'Hercule, et où se
réduit toute la religion perse, pour ne pas dire toute
religion indo-européenne.

Nous attendons, d'ailleurs, pour reprendre cet important et curieux parallèle, les dissertations et les
éclaircissements qui nous sont promis par le traduc-
teur et qui formeront un nouveau volume. M. Léouzon-le-Duc, amoureux comme tout écrivain, je veux
dire amoureux de son sujet, fait un grand mérite
aux héros finnois de leur crédulité, de leurs talismans, de leur magie noire et blanche ; il voit dans
cette illusion enfantine la marque d'une grande élévation d'esprit, un hommage rendu à la puissance de
l'intelligence. Pour nous, il n'y a là qu'une naïve et
antique admiration pour le langage et la parole. S'il
fut une époque bien reculée où l'homme savait à
peine exprimer par des cris, des interjections redou-
blées, quelques sentiments et quelques remarques,
quel n'a pas dû être son étonnement le jour où il a
pu prononcer un mot, constituer un verbe, créer une
phrase. La parole a été une véritable conquête intellectuelle de l'univers ; bien plus, les choses semblè-
rent n'exister que par elle, puisqu'elle en fixait le

souvenir et permettait de les comprendre. Il y eut, sans doute alors, pour l'homme enfin pensant, une heure d'orgueil et de folie; il se crut maître du monde, et il ne se trompait pas; il anticipait seulement sur l'avenir. Pareille hallucination apparaît à chaque page des Védas, où le chantre sacré pense créer par ses hymnes le ciel, la terre, le soleil; il n'en créait que le nom; de là ces formules magiques, ces prières puissantes, ces incantations de toute forme et de toute espèce par où l'homme a longtemps cru lier les dieux et provoquer les miracles; de là la Thessalienne faisant descendre la lune du ciel, Thésée invoquant Neptune contre son fils, Sésostris parlant face à face à son père Ammon, et l'exorciste du moyen-âge commandant à Béelzébuth ou à Méphisto de quitter le corps d'un possédé. Ces puérilités ne sont pas encore bannies de nos mœurs, et c'est à leur empire que se mesurent l'ignorance et la faiblesse des esprits. Il ne faut donc pas en faire un mérite à la race finnoise : il faudrait seulement y voir la marque de la véritable antiquité du Kalévala dans certaines de ses parties.

La poésie du Kalévala procède, d'ailleurs, par répétitions, par refrains, par épithètes et descriptions innombrables, tous expédients de peuples jeunes, et qui aiment d'autant plus à parler qu'ils parlent depuis moins longtemps. Les images sont vives, souvent charmantes, parfois bizarres. Il n'y a rien dans ces récits, allongés probablement ou altérés par une indéfinie succession de rhapsodes, qui puisse lutter avec la cohérence, la mesure, l'idéale beauté des épopées grecques et de la poésie moderne; on les rapprocherait plutôt de la floraison luxuriante des grandes épopées indiennes. Ce qu'il y a de plus précieux dans le Kalévala, ce sont, à notre sens, les épisodes qui nous éclairent sur la vie et les mœurs finnoises, et, entre autres, au premier rang, les quatre ou cinq runot consacrées aux noces d'Ilmarinen; c'est bien là de la poésie nationale, mais avant tout humaine.

LA NOUVELLE VIE DE JÉSUS.

Un grand nombre de Chinois et de Cinghalais croient qu'un dieu monté sur un éléphant et suivi d'un immense cortége est entré avec sa suite dans le sein de la princesse qui enfanta le Bouddha. Leur foi est fondée sur les livres sacrés de leur religion, livres approuvés par des conciles solennels. Au dire des Grecs, Zeus a revêtu, pour séduire des mortelles, diverses formes animales : Taureau, il a ravi Europe ; Cygne, il a possédé Léda ; Chèvre-pieds, il a levé le voile d'Antiope ; Colombe, il a plu à Phthia. Danaé l'a reçu en pluie d'or ; une autre, vraie sœur des Saintes extatiques, s'est livrée à lui à travers la transparente illusion d'un rêve. Fables charmantes, les plus belles qu'un peuple ait mêlées jamais à ses croyances et à son culte !

Et nous, nous qui sourions de ces légendes, nous qui voyons si bien la paille dans l'œil du voisin, nous gardons la poutre qui obstrue le nôtre. Il semble pourtant qu'un sarcasme de Voltaire, de Diderot, ou, à défaut d'esprit, le simple sens commun, aurait dû suffire à rejeter dans le pays des contes bleus tant d'histoires pareilles, que l'on enseigne encore à nos enfants comme la règle et la base de la vie moderne. En sommes-nous donc toujours au temps où l'on pouvait écrire ces vers :

Ore omnes versæ in zephyrum stant rupibus altis
Exceptant que leves auras et, sæpe sine ullis
Conjugiis, VENTO GRAVIDÆ *(mirabile dictu !)*.....

La bouche ouverte à l'air qui remplit leurs poitrines,
Toutes boivent la brise au sommet des collines ;
Un souffle les féconde, ô merveille ! et souvent
Une vierge a conçu des seuls baisers du vent.

Puisque la pointe du bon sens s'est émoussée sur le miracle, il faut recourir à des armes plus patientes et plus sûres ; il faut combattre pied à pied, lancer preuve sur preuve, crever le mythe et, dévoilant le fait, inonder de lumière jusqu'aux cryptes où se réfugient ceux qui disent : *credo quia absurdum !* Eh bien ! ce dernier effort a été tenté, cette bataille suprême a été gagnée, et toute escarmouche nouvelle n'est qu'un jeu d'enfant ou une stérile condescendance.

Il y a vingt-neuf ans déjà, frappé de l'insuffisance de Paulus et surtout de Hase et Schleiermacher, le docteur Strauss, dans son *Examen critique de la Vie de Jésus*, ouvrage que la traduction de M. Littré a rendu français, essaya d'arracher aux légendes

évangéliques quelques fragments de réalité probable.
L'édifice laborieux des concordances tomba devant
lui, ne laissant que des débris épars et incohérents.
Reprenant un à un chacun de ces lambeaux, il en
découvrit l'origine et la formation. Là-dessus, *tolle*
général. Assez naïvement, Strauss avait composé son
Examen critique pour les théologiens. Il reconnaît
aujourd'hui, non sans ironie, et comme si cela avait
jamais pu faire l'objet d'un doute, que l'impartialité
n'est pas leur fait. En est-il un qui ne soit à la fois
juge et partie?

Désirant enfin changer de public, le puissant
exégète a adressé au public lettré une *Nouvelle Vie
de Jésus* (1), traduite, il y a quelques années, par
MM. Nefftzer et Dollfus. C'est là que les lecteurs, s'il
en est que tourmentent parfois les souvenirs de leur
éducation première, trouveront les renseignements
définitifs sur la légende messianique, le mythe chrétien, et la personne du Nazaréen.

Toutefois, quelque précaution est nécessaire à qui
veut aborder les écrits de Strauss. L'auteur est pro-
testant (2), il se croit même chrétien ; du moins il est

----

(1) 2 vol. in-8º, Hetzel-Lacroix.

(2) On sait que, dans son récent et dernier ouvrage, le docteur Strauss a rejeté le peu de christianisme que lui avaient
laissé ses études théologiques. Il est mort affranchi, sinon de
toute métaphysique, au moins de toute religion positive. Nous
honorons profondément ce noble effort d'une intelligence logique, ce courage d'un esprit sincère.

porté à de certaines admirations qui troublent son jugement, non sur les faits, mais sur les idées, non sur les personnes, mais sur leur valeur. Il va sans dire que nous ne sommes point d'accord avec lui sur la portée de la métaphysique et de la mythologie chrétiennes. Nous savons que la morale du christianisme est un emprunt, légitime et naturel, aux mœurs et aux espérances du temps où il est né. Œuvre imparfaite des âges, comme toutes les conceptions humaines, son seul tort, tort grave et capital, est de vouloir s'imposer à un ordre social pour lequel elle n'est pas faite. Quelques citations, entre bien d'autres, prouveront à quel point elle contredit l'idéal moderne.

Qui ne se rappelle la parabole des vignerons, tous également payés pour des besognes inégales (Mathieu, XX, 16), et celle de l'économe infidèle qui se fait des amis avec des biens mal acquis (Luc, XVI, 9)? Rien ne s'accorde moins avec les lois de la probité et de la justice. Que dire encore de quelques maximes, peut-être venues de Jésus même, et qui n'en sont pas moins pernicieuses. « Bienheureux les pauvres d'esprit ! les derniers seront les premiers ; il y aura plus de joie pour un pécheur qui fait pénitence que pour quatre-vingt-dix-neuf justes qui n'ont pas besoin de pénitence ; quiconque ne recevra point le royaume de Dieu comme un enfant n'y entrera point. Considérez comment croissent les lis des champs : ils ne travaillent point, ils ne filent point. Si quelqu'un vous a frappé sur la joue droite, présentez-lui encore l'autre. » Enfin, le fameux « rendez à César, ce qui est à César, » pure échappatoire d'un philosophe qui veut ménager les autorités romaines et qui sent qu'il aura besoin de Pilate. Tout cela n'est-il pas absolument contraire à la nature, à la raison et à la dignité humaines? N'y voit-on point la proscription du savoir et du travail; la glorification de l'extase égoïste; la funeste doctrine de la grâce substituée à une juste rétribution des mérites? Qu'on lise l'*Imitation de Jésus*, si l'on veut voir à quelles aberrations de pareils préceptes entraînent les esprits qui les pratiquent.

Mais il s'agit ici d'exégèse et non de controverse philosophique; il s'agit de déterminer l'âge et les auteurs des documents qui nous fourniront la double figure du Christ, la créance qu'ils méritent, de faire dans leur rédaction la part des faits, des influences ambiantes et du caractère particulier de ceux qui les écrivirent. Certes, l'authenticité absolue et prouvée des Évangiles serait d'un faible poids dans les balances de la critique; les miracles les ont pour toujours rendus légers. De même que nous refusons de croire aux prodiges qui annoncèrent la mort de César ou la naissance d'Auguste, malgré l'autorité de Virgile et de Suétone qui les relatent, de même nous douterions de la résurrection de Lazare ou de la multiplication des pains, quand bien même les apôtres Mathieu ou Jean s'en diraient les témoins oculaires; à plus forte raison si les quatre Évangiles canoniques n'ont pas été composés par leurs auteurs présumés, si, comme le fait est constant, nul Père ne les mentionne avant la fin du premier siècle ou la seconde moitié du second.

D'après M. Strauss, les plus importants écrits du Nouveau-Testament se présentent dans l'ordre suivant : certaines épîtres authentiques de Paul ; l'Apocalypse, qui peut dater du temps de Galba ; Mathieu, Marc et Luc, entre la fin du premier siècle et la moitié du second ; enfin, Jean, vers la fin du second. Il tient, malgré l'opinion générale, pour la priorité de Mathieu à l'égard de Marc, sans y voir pourtant le récit d'un apôtre. Luc serait un essai de conciliation entre les diverses traditions. Quant à Jean, il faut le regarder aussi comme une fusion de tendances contraires, comme un juste milieu entre le gnosticisme et le montanisme. Évangile *spirituel*, comme le nomment les orthodoxes ou, mieux, néopythagoriciens, il n'aurait qu'un rapport très-indirect avec les événements dont Jésus fut le héros. Beaucoup trop loué pour sa prétendue sublimité souvent inintelligible, chéri des chrétiens romantiques, adopté même par M. Renan comme le plus sûr garant de la mission du Christ et le plus fidèle témoin de sa vie, il n'est ni de l'auteur de l'Apocalypse, ni de son école, et l'enseignement de l'apôtre Jean n'y est probablement pour rien. Les noms des Évangélistes sont supposés. Cependant, on peut admettre qu'un recueil de sentences, de discours, formé par Mathieu, fait le fond du premier Évangile et aussi du second ; c'est donc chez eux qu'il faut chercher les éléments d'une histoire de Jésus ; le troisième est un tableau d'une composition plus ou moins habile ; le dernier, un reflet lointain et altéré par la couleur même de l'esprit qui l'a conçu.

Au milieu de ces probabilités et de ces doutes, M. Strauss est pareil à un voyageur altéré qui, dans une forêt profonde, sous d'épaisses couches de feuilles mortes, cherche une source ou le cours d'un ruisseau perdu sous d'antiques débris, voilé d'une végétation luxuriante, où les lianes parasites s'enlacent aux arbres véritables. Il aspire l'air autour de lui ; peu à peu, une fraîcheur secrète, une voix argentine, l'accent de la vérité, se dégageant des parfums et des bruits de la forêt, lui révèlent cette eau désirée, cette trace fugitive. A mesure qu'il déblaie, il note l'endroit, la profondeur, la saveur de l'onde. De jalon en jalon, il esquisse d'un trait léger les replis incertains du lit qu'il a découvert, de l'existence qu'il restaure et recompose. Mais il se garde bien de créer un nouveau Jésus à l'image de l'ancien. Docteur allemand, il laisse à nos savants artistes l'agrément des peintures approximatives. Voici les quelques points qui lui semblent acquis à l'histoire véritable de Jésus.

Jésus est originaire de Nazareth, en Galilée ; son père, Joseph, qui paraît avoir été charpentier, sa mère, Marie, ses frères, nommés Jacques, Joseph, Simon et Jude, demeurèrent, durant sa vie, indifférents ou hostiles à sa prédication. On ignore tout de lui, jusqu'à son entrée dans la vie publique ; sa carrière religieuse est renfermée entre l'an 25 et l'an 36, dates extrêmes de l'administration de Pilate. Vers sa trentième année, la réputation de Jean-Baptiste l'attire aux bords du Jourdain ; il accepte le baptême, mais ne se soumet pas aux pratiques rigoureuses enseignées par le précurseur. L'incarcération de Jean lui laisse toute la place et toute la renommée ; il enseigne sa doctrine en Galilée, aux alentours du lac de Tibériade ; parmi de nombreux auditeurs, il se choisit douze confidents plus intimes, qui sont les apôtres ; bientôt, cherchant un théâtre plus vaste, il se rend à Jérusalem vers l'époque de la Pâque. Là, les pharisiens, stricts défenseurs de l'ancienne loi, se sentant menacés dans leur prépondérance, le font arrêter et le jugent. Il est convaincu d'avoir proféré des menaces contre le temple, et condamné ; on obtient du gouvernement romain la ratification de la sentence ; il meurt sur la croix. Aussitôt, ses frères et sa mère, fidèles à sa mémoire, se rallient aux apôtres et forment avec eux le noyau d'une communauté judéo-chrétienne que l'influence et le génie de Paul ouvre aux Gentils. De Jérusalem, d'Alexandrie et d'Antioche, l'enseignement nouveau gagne Rome et envahit peu à peu les provinces. Son expansion fut encore accélérée par les additions mythiques dont le surchargèrent ses

premiers adeptes, autant pour le rattacher aux traditions juives que pour le conformer aux imaginations
du polythéisme. En effet, il n'eût pas réussi auprès
des Hébreux sans l'assimilation du Christ au Messie
annoncé par les prophètes; les lettrés païens l'eussent repoussé s'ils n'y avaient retrouvé quelques-
unes de leurs idées métaphysiques; enfin, la foule,
avide de merveilleux, voulait, dans une religion
nouvelle, reconnaître les aventures de ses anciens
dieux. Ces diverses raisons expliquent aisément,
l'on peut s'en convaincre en lisant le second volume
de la *Nouvelle Vie de Jésus*, tous les miracles et
tous les mythes arrangés par les premiers chrétiens,
aussi bien que l'étrange physionomie du quatrième
Évangile.

Qui n'a été souvent frappé dans les récits évangéliques de remarques comme celle-ci : « Or, tout ceci
s'est fait afin que cette parole du prophète fût accomplie. » Donc, ce n'est pas l'acte qui rappelle la
prophétie, c'est la prophétie qui appelle l'acte. Nous
tenons la clé de bien des mystères. Le Christ évangé-
lique est un compromis entre la réalité et les croyances messianiques de l'Ancien-Testament. Les prophètes,
pour soutenir Israël en ces misères, ne cessaient de
lui promettre des jours meilleurs, un roi fils de
David, un rédempteur assis sur les nuées, fils de
Dieu. Voilà deux éléments de la légende chrétienne.
Joseph, bien qu'il ne soit pour rien dans la naissance
du Christ, descendra de David; Jésus se donnera

pour le fils de Dieu, et, comme pour le prouver, il se montrera plusieurs fois irrespectueux envers son père putatif et sa mère elle-même. Toutes les circonstances de sa mission divine sont indiquées par de complaisants passages de Daniel, d'Isaïe, d'Ézéchiel, Osée, Malachie; il va sans dire que ces écrivains n'avaient certainement jamais songé à ce qu'on tire de leurs effusions lyriques. Jésus sera tenté, il le faut; il faut qu'il entre à Jérusalem sur une ânesse, que ses vêtements soient tirés au sort, qu'il soit détaché de la croix sans qu'on lui ait brisé les jambes, enfin qu'il ressuscite et monte au ciel. Mais, si lui-même a vaincu la mort, il a pu tirer de l'éternel sommeil la fille de Jaïre et Lazare, son ami le plus cher. Fils de Dieu, en vertu de ses pouvoirs célestes, il a guéri d'un mot les paralytiques, les sourds, les aveugles, et chassé les démons. Au reste, les prophètes avaient fait des miracles; le monde était plein d'exorcistes habiles et de magiciens infaillibles. Le malade qui doute des médecins court à la somnambule. Ainsi, les Grecs et les Romains, après avoir épuisé les doctrines des grands philosophes, Platon, Zénon et Épicure, voyant que les maux humains n'en étaient pas guéris, revenaient aux puérilités des formules et des initiations, et, à force de science, retombaient dans les rêveries du mysticisme. L'espoir de la rédemption transfigura pour eux tout le reste, et, habitués qu'ils étaient à diviniser des hommes, ils acceptèrent peu à peu les

singularités de l'incarnation, de la résurrection et de
l'ascension.

Sans doute, le rapide développement du christianisme nous paraît aujourd'hui hors de toute propor-
tion avec la valeur propre de sa mythologie, si
inférieure à toutes les légendes grecques, syriennes,
ou brahmaniques. Mais nous venons de voir que ses
côtés extérieurs n'étaient pas pour déplaire à ses
contemporains. Quant à son esprit, il n'était étranger
ni aux doctrines des Esséniens, partout répandues par
la dispersion des Juifs, ni aux systèmes de l'Académie, du Lycée ou du Portique. Surtout il confinait à
une sorte de mysticisme néopythagoricien, auquel
même il dut sa métaphysique. La fusion de la *Sagesse divine* hébraïque avec le *Logos* grec, accomplie dans l'évangile de Jean, compléta ou plutôt
acheva d'effacer la figure déjà flottante du Christ.
Jésus, l'humble Galiléen, le doux maître des pêcheurs,
le consolateur des affligés, devint le Verbe, une
entité, un démiurge, l'énergie divine, créateur effectif, un avec le père et l'esprit. On sait les hérésies
que suscita bien justement la conciliation impossible
des deux natures, humaine et divine, dans une seule
personne ; les contradictions qu'implique la trinité ;
le dogmatisme chrétien à son tour persécuteur ; le
joug de plomb qu'il fit peser sur l'informe moyen-
âge ; enfin, la Renaissance des arts et des esprits, à
demi étouffée par la Réforme, mais vivace et déci-
dée au triomphe. Les hérésies ont fait vivre l'Église ;

23

dès que son enseignement n'est plus pris comme base de discussion, elle dépérit.

L'Église, malgré une foule de modifications apportées successivement au culte et à la doctrine, n'a pu suivre ni entraver le mouvement humain. Le pouvait-elle? Nous ne le croyons pas. La conception d'un Dieu-homme unique, ou homme type, pèche en ce qu'elle méconnaît la *diversité* de notre nature. Le Christ-Idéal n'est qu'une espèce d'homme ; à côté, il y en a, il y en aura toujours d'autres : le savant, l'artiste, le philosophe, et à ceux-ci l'avenir appartient.

Telles sont les conclusions qui ressortent, bon gré mal gré, de la *Nouvelle Vie de Jésus*, œuvre définitive, à peine discutable en quelques points de détail qu'on peut négliger sans crainte, honnête, impartiale et calme. A la vérité, le docteur Strauss est Allemand ; sa pensée complexe veut se traduire tout entière à la fois dans chacune de ses phrases ; les trois grandes divisions de son livre et les nombreux chapitres indiqués par le titre courant empiètent à tout instant les uns sur les autres : mais la clarté se fait à force d'abondance ; et il n'est pas un point relatif aux premières origines du christianisme qui ne soit élucidé par cette patiente analyse. Au reste, le tendre langage de M. Renan et la démonstration incisive de M. Peyrat combattront pour la bonne cause à côté de l'exégèse germanique ; ce sont les ailes de l'armée ; M. Strauss en est le centre inexpugnable. Remercions ici les traducteurs, MM. Nefftzer et Dollfus, dont la plume, à la fois fidèle et française, a su nous exprimer le suc, la moelle et l'essence de la théologie moderne. Par eux, si la conception demeure allemande, au moins la forme devient française, et le docteur Strauss est concitoyen de Voltaire.

LE CHRISTIANISME

ET SES ORIGINES HELLÉNIQUES.

Puisque Voltaire n'a pas suffi ; puisque le Concordat de Napoléon Ier, les sentimentalités de Châteaubriand, le vague à l'âme de nos poètes, la complicité de la philosophie officielle, ont rendu je ne sais quelle apparence de vie à des dogmes sur lesquels les *Droits de l'Homme* avaient passé ; puisque des savants se sont avisés de reconnaître dans l'homme un animal religieux ; puisque les optimistes de l'évolution ont fait cette grande découverte que tous les faits ont leur raison d'être, en y ajoutant ce corollaire inattendu que ce qui suit est fatalement un progrès sur ce qui précède ; puisqu'enfin il faut plaider sur nouveaux frais un procès archi-jugé, force est bien de reprendre, avec les procédés, les méthodes, les armes propres à notre siècle observateur et critique, l'œuvre

23*

si brillamment accomplie par le bon sens gouailleur du XVIIIe siècle.

En avant donc la comparaison des textes, la recherche sérieuse des origines, la philologie, l'exégèse, l'hébreu, le sanscrit et le grec. Quel attirail, grands dieux! quelle disproportion entre l'effort et le but. Une aiguille dégonfle un ballon! Soit ; mais une couture aveugle la voie d'air et il n'y paraît plus ; mieux vaut, après tout, faire éclater la machine sous le poids des in-octavo. Espérons qu'alors tout sera dit, et que la démonstration sera complète. Il est temps. Le passé se jette sur l'avenir, il le menace, l'opprime, l'envahit ; c'est la lutte suprême, la question de vie ou de mort.

Il s'agit bien, au fond, de dogmes, de mystères, de croyances particulières, respectables, sinon inoffensives, lorsqu'elles se réfugient dans le for intérieur, dans le domaine du droit individuel! Si l'esprit moderne s'attaque aux religions, c'est que partout elles se cramponnent à la société laïque et lui plient le front pour la faire passer à genoux sous le joug autoritaire et providentiel. Elles se glissent et s'établissent partout, dans l'école, dans la famille, dans l'État et dans le gouvernement. Par elles, le passé a prise sur tous les âges, sur tous les moments, sur tous les actes de la vie. C'est quelque chose comme le cheval de Troie, dont les flancs enfermeraient, non des guerriers de choix, mais la multitude des revenants et des fossiles qui effrayent les imaginations, enrayent l'activité humaine, paralysent la pensée et la science. Et ce cheval est consul. Il faut lui parler chapeau bas, comme au bonnet de Gessler. Défense d'y toucher sous peine de sacrilége. Ceux qui se détournent sont suspects, et leur audace épouvante le vulgaire indifférent. Oh ! que Lucrèce avait raison ! L'ombre des dieux abrite ceux qui les font parler ; elle engourdit et elle glace ceux qui ont besoin de lumière, de chaleur et de liberté ; et qui en a plus besoin que la France ? Ou bien la France languira dans une décadence incurable, ce qui ne peut pas être, ou bien elle sortira de cette prison morale dont les religions sont les clés de voûte. La vie est à ce prix. Voilà pourquoi la critique religieuse passionne les esprits clairvoyants ; c'est parce que la séparation (1) complète des Églises et de l'État est la condition *sine qua non* de la réforme sociale et politique.

M. Havet (2) l'entend bien ainsi : « Deux espèces d'illusions, écrit-il dans sa préface, font principalement obstacle aux progrès et à la liberté de l'esprit humain : les illusions historiques et les illusions mé-

---

(1) Il ne s'agit pas ici de la dangereuse formule : *l'Église libre dans l'État libre*, mais d'un régime où l'Église cesserait d'être pour l'État une corporation rivale, une personne civile, où la religion, rejetée dans le domaine de la conscience individuelle, demeurerait totalement étrangère et inconnue aux pouvoirs publics, à la commune, au département et à l'État.

(2) *Le Christianisme et ses Origines. L'Hellénisme*, par Ernest Havet (2 vol. in-8°, Michel Lévy, 2e édition).

taphysiques. C'est aux philosophes physiologistes à dissiper celles-ci, en nous apprenant à ne pas perdre de vue les choses pour les mots. C'est aux critiques à ruiner les autres, principalement dans l'histoire des religions... Il faut nous affranchir de toute autorité, de toute tradition, qui ne s'appuie pas sur la raison. Nous ne nous sauverons que par la liberté, sous ses deux formes essentielles : République et Libre-Pensée. »

Or, le christianisme est le plus frappant exemple d'une autorité, d'une tradition qui ne s'appuie pas sur la raison, bien plus, qui prétend s'en passer, et ne relever que d'elle-même. *Enfant du miracle*, tombé du ciel à l'heure choisie de Dieu, il prétend guider le monde au nom d'une sagesse supérieure et incontestable. Il a été une fois pour toutes et pour tous les temps. Hors de lui, point de salut. Tout en se souciant assez peu de ces prétentions absorbantes, tout en suivant sa voie selon ses instincts et ses besoins, la société moderne accepte volontiers le nom de chrétienne et abandonne ses enfants à un enseignement dont ils ne pratiqueront pas les préceptes. L'opinion courante admet sans résistance que l'avénement du christianisme est un fait extraordinaire et quelque peu surnaturel. Elle écoute et elle répète une foule de lieux communs sans consistance sur la parole *qui a renouvelé la face de la terre* et même *le fond du cœur humain*, sur l'opposition entre *le spiritualisme chrétien et le matérialisme grec*, comme s'il y avait rien de plus grec que le spiritualisme! sur le prodigieux et l'inattendu des enseignements évangéliques, sur les apôtres qui parlèrent les premiers au monde *d'humanité, de fraternité, de bienfaisance*; car on est allé jusque-là! « Si je ne suis pas, ajoute M. Havet, assez fort pour en finir avec ces méprises, ce sera un autre qui aura l'honneur de le faire; mais il faut que cela soit fait. »

Le christianisme, comme toute religion, est l'œuvre des hommes; comme tout fait naturel et humain, il a été amené par un long enchaînement de causes; son éclosion a répondu à des besoins moraux, à des sentiments mystiques, aujourd'hui éteints depuis plusieurs siècles. Il n'échappera pas plus à la mort qu'il n'a éludé les lois de la gestation et de la naissance. Il disparaîtra donc et avec lui, selon toute probabilité, toute formule religieuse proprement dite, parce qu'il a recueilli, amalgamé en lui tout ce que la vague mémoire des foules a pu conserver des croyances, des liturgies, des philosophies antérieures, parce que ses dogmes, ses rites, tout, jusqu'à ses bases métaphysiques, a été successivement éliminé par la science. Sa morale même, qui n'est pas à lui, qui lui a été imposée par son milieu originaire, qui, empruntée à la civilisation antique, est demeurée longtemps supérieure à l'idéal social des races nouvelles, sa morale a vieilli et ne suffit plus aux générations modernes, filles de la Révolution française. Elle aboutit à la résignation; la nôtre a pour principe l'action. Elle est fondée sur l'obéissance, sur le devoir; la nôtre sur la liberté et le droit. Il ne pourrait la transformer sans ébranler ses dogmes, sans nier son essence, celle de toute foi, c'est-à-dire l'autorité.

La démonstration de ces vérités est la conclusion implicite du livre de M. Havet, mais elle n'en est pas l'objet direct. L'éminent penseur s'est attaché à la question des origines multiples du christianisme; il a fait converger sur ce point obscur toutes les lumières d'une érudition inépuisable, d'une raison forte et sereine, il en a écarté le merveilleux et le divin. Les deux volumes que nous venons de lire passent en revue toutes les doctrines, toutes les idées, la vie intellectuelle et morale des Grecs et des Romains leurs disciples, et y relèvent les germes innombrables de ce qui s'est appelé plus tard le christianisme. On se convainc à chaque page qu'en fait de théodicée, de métaphysique, de morale, la religion qui se dit révélée ne possède rien en propre, qu'elle est le résidu incohérent et mal élaboré de la sagesse et aussi de l'ignorance et de la misère antique.

C'est sur ce fonds âryen, hellénique avant tout, qu'elle s'est développée, qu'elle a fleuri et qu'elle végète. Elle ne sait et ne dit rien de plus qu'Anaxagore et Platon, qu'Épicure et Zénon. Toutefois, M. Havet n'entend pas méconnaître la part qui revient au judaïsme dans la révolution chrétienne. Il tient compte de l'élément galiléen que la légende a incarné dans Jésus. Dans une seconde partie qui nous est promise seront exposés sans doute, avec les rapports de l'Ancien et du Nouveau-Testament, les emprunts faits par la pensée juive aux diverses mythologies orientales. Mais, si la Judée a fourni l'occasion, l'hellénisme et la domination romaine ont déterminé les causes profondes et même l'économie du christianisme. Et cela est tellement vrai qu'à défaut de la Bible, du peuple juif, de Jésus et des apôtres, les doctrines grecques et la décomposition religieuse et morale du monde romain aurait, sans secousses, avec moins de péril peut-être pour la civilisation, amené quelque chose de très-analogue à la conception chrétienne. Telle est du moins la conviction de M. Havet.

Rien de moins chrétien, assurément, que les poëmes homériques, souvenirs d'un temps où la mythologie polythéiste s'épanouissait dans toute sa vigueur et dans toute sa grâce. Eh bien, il s'y trouve déjà des préceptes que le christianisme revendique, le respect du pauvre et de l'hôte, envoyés par Jupiter, le sentiment de la faiblesse humaine, la croyance à une justice divine. Hésiode, puisant aux sources orientales dont les infiltrations ont laissé plus d'une trace dans la Bible, nous parle d'un primitif âge d'or, Éden où la femme a introduit le péché, d'êtres surnaturels, chargés, comme les anges, de « faire la police des actions humaines, » de Titans rebelles précipités dans les enfers. « Le jeu du hasard a fait de ces fables d'Asie autant d'articles de foi qui règnent encore sur l'Occident, tandis qu'une foule d'hommes qui les acceptent avec soumission croient et répètent que le christianisme a détruit la mythologie. » Au vıᵉ siècle, Pythagore crée une église mystique et sévère, dont les dévots répètent sans cesse, comme les chrétiens : C'est lui qui l'a dit. Il enseigne la perpétuité des âmes et la métempsychose. N'y a-t-il pas, dans le dogme de la résurrection de la chair, je ne sais quelle réminiscence altérée de ces incarnations ?

Orphée et les mystères répandent la doctrine, sans doute égyptienne, du jugement des dieux ; ils effacent les péchés des vivants et des morts par des purifications, des prières, des sacrifices, et aussi par la confession. Un monothéisme, très-supérieur à la trinité chrétienne, se dégage assez rapidement du chaos des mythes. C'est d'abord Zeus, « père des dieux et des hommes, » qui « a été, qui est et qui sera ; » c'est bientôt un être, principe, milieu et fin de toutes choses, qui ne ressemble à l'homme ni par le corps ni par l'esprit, qui meut tout sans travail par la seule force de sa pensée. « Avant tout, la divinité, » dit Xénophane

Dès le vᵉ siècle, au temps de la splendeur d'Athènes, le culte d'Adonis et de Bacchus-Zagrée, d'accord avec la légende d'Hercule, popularisent la passion, la mort et la résurrection d'un dieu. Partout des pèlerinages, des statues baisées, des cierges, des immersions, des abstinences, des donations expiatoires et perpétuelles, des confréries, des canonisations, des excommunications solennelles, des sacrements, des asiles, des jugements et des trèves de Dieu, l'appel aux dieux inscrits en tête des actes publics, des chants, des pompes, l'infaillibilité pontificale de Delphes, une hiérarchie sacerdotale de prêtres et de diacres, le tout largement aspergé d'eau bénite ; enfin, tout ce qui constitue le culte et, peu s'en faut, le dogme chrétiens, y compris la fraternité et l'amour du prochain. « Comment n'être pas frappé de la ressemblance de ce tableau avec celui qu'a offert le catholicisme au temps où il a régné dans tout son éclat ? »

Pindare expurge l'Olympe et n'en tire que des allégories et des symboles. C'est ce qu'on fera pour l'Ancien-Testament. Il accepte les miracles. « Rien ne lui paraît incroyable quand ce sont les dieux qui l'ont fait. » Tous les lieux communs des Pères, il les a prévus ; il les a formulés. « L'homme est une ombre, un rêve. Nous mourrons également tous, la fin de tout est de revêtir la terre. Le corps est abandonné à la mort ; mais une image de nous-mêmes demeure vivante, car elle seule vient des dieux. » L'Imitation et Bossuet ne parlent pas autrement.

Cependant les tragiques, surtout Sophocle et Euripide, les sophistes, en affinant la divinité, préparent la décadence du polythéisme. Mais la science indépendante de Démocrite, la hardiesse de Protagoras n'arrivent pas à délivrer la pensée grecque de la croyance à l'absolu, cette essence de la religiosité ! Il est trop tôt encore. Anaxagore rallie la plupart des esprits éclairés à sa théorie du *Noos*, à la fois simple et infini, principe unique du mouvement et de la vie. Héraclite, avant le quatrième évangile, célèbre le *Logos*, le *Verbe*. Parménide, avant le théisme progressif, fait une réalité de l'idée de l'être, pure abstraction qui n'est que la qualité la plus générale des choses.

Ces sages faisaient fausse route. Ils divinisaient « non plus l'homme tout entier, mais la pensée humaine, sans s'inquiéter si cette pensée, détachée de l'homme qui pense, peut avoir encore quelque chose de réel ou d'intelligible. Les abstractions imaginées (forme plus subtile de l'anthropomorphisme) ont été la faiblesse de la pensée grecque et en ont fait comme une religion, en lui composant une mythologie aussi peu sérieuse que l'autre, quoique moins riante, dont la théologie est sortie. » Anaxagore, avec Socrate et Platon, la religion philosophique, le culte des entités, ce qui est devenu chez nous la philosophie officielle et superficielle, succèdent à la religion concrète ou plutôt la tranforment en conservant son principe ; ils en continuent l'office ; ils la reconstruiront après l'avoir ébranlée.

La philosophie chrétienne tout entière et, sur bien des points, la loi chrétienne, mais exprimées par un génie et dans un style très-supérieur à ceux des créateurs du christianisme, se retrouvent dans les livres de Platon : un dieu spirituel, ineffable, entourée d'esprits célestes, essence du bien et du beau ; une providence; une révélation prochaine; l'immortalité de l'âme et l'enfer éternel; le péché originel et le déluge; le mépris des sens, de la terre et de la vie; la contemplation solitaire, l'imitation de la divinité, « la pureté, l'humilité, la défense de rendre le mal pour le mal. »

Et que dire de cette cité idéale, de cette église, où un clergé sans famille « contient sous la loi du dogme la liberté de l'art et tous les mouvements de l'esprit humain? Platon punit de mort la révolte de la pensée; il veut, comme le Code, une justice qui procède de ces deux idées : la conversion et la damnation. Il établit dans la cité des tribunaux d'inquisition et, dans le for intérieur, un tribunal de pénitence. » Toutes ces imaginations, directement contraires à la nature humaine, à l'observation, à la science, au développement social, commentées, amendées, retournées en tous sens par les académistes anciens et nouveaux, trempées par les Alexandrins dans le mysticisme oriental, associées au panthéisme de Philon, à la théurgie, à la magie, aux superstitions populaires, sont-elles, oui ou non, le fond de la sagesse des Paul, des Jérôme, des Augustin, des Origène, des Clément et des Cyrille?

Un nouvel élément, le dernier, allait s'ajouter à la masse déjà imposante des idées chrétiennes : l'angoisse, la souffrance universelle, le désarroi douloureux où les Alexandre et les César plongèrent le monde civilisé. Ces funestes circonstances tournèrent les âmes vers les espérances désespérées. La vie n'eut plus de refuge que dans la mort ; elle ne songea plus qu'à s'y préparer. De là le détachement croissant, l'abnégation courageuse et impassible, ou bien l'apathie égoïste et prudente. Là encore la pensée grecque ou latine devança de plusieurs siècles le christianisme.

Un vaste génie et un grand cœur, Épicure et Zénon, dont les œuvres ont péri, mais dont les écoles durent encore, beaucoup moins séparées l'une de l'autre qu'on affecte de le dire, ont profondément ressenti les souffrances d'une vie livrée aux aventures et aux caprices de la force, et ont tenté d'y soustraire les hommes, l'un par l'abstention systématique, l'autre par l'énergie patiente.

Le premier, très-supérieur à l'autre par l'entière liberté de la pensée, est resté loin de lui sous le rapport de la direction morale. Mais, en somme, leurs doctrines ont eu le même effet. Elles ont détaché l'homme de l'action. Entre Épicure et Zénon se sont placés les Pyrrhoniens, les sceptiques absolus comme Ænésidème, et les probabilistes de la nouvelle académie, représentés avec tant d'éclat par Cicéron. C'étaient les politiques, ceux qui cherchaient à vivre, à agir, qui ne voulaient pas se supprimer eux-mêmes et qui trop souvent s'accommodaient des vices et des turpitudes dont ils cherchaient à tirer parti. Tous, épicuriens, académistes, stoïques, en éliminant les dieux de la mythologie, faisaient table rase et préparaient le champ à la religion nouvelle. Cette religion , le stoïcisme, on peut le dire, l'inaugurait déjà et ne lui laissait rien à faire.

Les stoïciens furent des prédicateurs et des directeurs, presque des chapelains, attachés aux familles et aux grands personnages. Leur théologie était pauvre ou nulle, leur dieu infiniment vague. Panthéistes, ils ne croyaient pas à l'immortalité de la personne humaine et renvoyaient les âmes des morts au foyer commun de la vie. Mais ils enseignaient un christianisme pratique, le mépris de la douleur, l'acceptation des lois de la nature, la glorification des volontés d'en haut, l'amour infini des hommes, l'émancipation morale de l'esclave. Ils consolaient les faibles, bravaient les forts. On sait comme ils mouraient. *Potius mori quâm fœdari!* Les martyrs cédaient à l'enthousiasme, les stoïques n'obéissaient qu'à leur propre dignité.

Des œuvres de Sénèque, M. Havet a extrait l'Évangile, plus que l'Évangile. Quel besoin du christianisme? Mais le stoïcisme était une religion de tête, accessible seulement à l'élite de l'humanité.

Il ne tenait pas et ne pouvait tenir compte des superstitions et des cultes extérieurs nécessaires à l'ignorance. L'ignorance pouvait être chrétienne; et le christianisme, par l'intermédiaire des colonies juives éparses dans les dessous du monde antique, gagnant les femmes d'abord, puis les masses opprimées, profitant de la morale créée par le Portique, envahit sourdement l'univers romain.

La philosophie qui régnait au temps des Césars,

dit M. Havet, et la religion qui se répandit tout à coup au-dessous d'elle, doivent à ces temps leurs communes faiblesses aussi bien que leurs communes grandeurs. Elles protestent contre le mal et l'iniquité, et c'est par où elles sont grandes ; mais elles sont faibles en ce qu'elles se sentent impuissantes et qu'elles se jettent et se perdent dans le désespoir. L'une et l'autre, pour épurer l'homme, le détachent de tout ; l'une et l'autre s'efforce de démentir la nature, condamnant non-seulement le plaisir et la richesse, mais jusqu'à l'action et jusqu'à la science ; elles tendent à isoler celui qu'elles inspirent, et elles l'enlèvent (quoique les meilleurs stoïciens s'en défendent) à la famille et à la cité.

Elles lui font pousser l'abnégation et la résignation jusqu'à accepter le mal comme envoyé d'en haut, et jusqu'à trouver tout bon, pourvu que lui-même ne pèche pas. Elles lui conseillent d'être un saint, ne pouvant faire qu'il soit un homme. L'une dit : ne te soucie que du dedans ; l'autre : ne te soucie que de la vie d'au-delà, et ainsi elles sacrifient toutes deux l'humanité et la vraie vie.

Enfin, tandis que le stoïcisme prêchait au moins l'amour de la patrie, le culte de la liberté morale et de la dignité humaine, l'autre religion, celle des malheureux absurds, des ignorants, des déshérités, des peuples dépaysés dans l'incohérence réelle de l'empire, enseignait avec succès la fin des patries terrestres, la folie de la Croix et les litanies suppliantes en vue du prochain jugement.

Le christianisme désorganisait fatalement la civilisation, et « son avènement peut être défini : la première invasion des Barbares. » Or, tout le mérite des invasions barbares a été « d'aboutir à ce qu'il n'y ait plus de barbares. » De même, le bienfait du christianisme sera « d'aboutir à ce qu'il n'y ait plus ni païens, ni chrétiens, mais des esprits libres, définitivement affranchis de tous les dieux. »

Au reste, M. Havet ne s'exagère pas l'importance de son sujet. Il rappelle que l'histoire du christianisme n'est qu'une petite partie de l'histoire générale des religions; « et celle-là n'est elle-même qu'une partie de l'histoire de l'homme et y tient moins de place à mesure que le temps marche. » Qu'est-ce que les dix-huit cents ans du christianisme, « en comparaison même des six mille ans que nous accorde la plus étroite chronologie? Et pendant ce peu que le christianisme a vécu, dans quelles limites il a été resserré! D'après les géographes, le nombre des chrétiens de toutes sectes qui sont au monde ne s'élève qu'à un peu plus de la moitié de celui des hommes appartenant à d'autres religions. Le passé des religions est court; plusieurs pensent que leur avenir est plus court encore; et qu'un temps viendra où l'histoire des religions en général, et, à plus forte raison, d'une religion particulière, ne sera que l'étude d'un accident, perdu en quelque sorte dans la suite de la vie du genre humain. »

Ces conclusions, si justes et si nettement formulées,

sont bien dignes de cet esprit nourri de ce que l'humanité a produit de plus grand et de plus beau. Que sont pour lui les religions, au prix du développement normal de la noble race hellénique, institutrice des peuples? C'est de la pensée grecque et non des imaginations religieuses que procède la civilisation antique et moderne. C'est elle qui a enfanté la Renaissance et qui a remis l'homme dans sa voie. Aussi, avec quel amour M. Havet reconstitue les figures et les œuvres de ces génies qui furent à la fois des penseurs et des artistes; de quelle main délicate il touche leurs erreurs mêmes et leurs illusions! C'est de leurs vues fausses qu'est né le christianisme; mais c'est à leurs brillantes et solides recherches, à leurs féconds travaux que remonte et se rattache le progrès moderne. Telle est la conception qui élève M. Havet au premier rang parmi les penseurs et qui recommande son livre à la postérité.

MENUES PRATIQUES.

Delenda Carthago!

Il y eut un temps, et ce temps n'est pas loin de nous, où les lettrés, les délicats, reprochaient à quelques journaux connus de « manger du prêtre, » d'encombrer leurs colonnes des menus scandales et des menues pratiques du monde dévot. A quoi bon s'occuper, disions-nous, des attentats aux mœurs, des vins du sacrifice et des eaux merveilleuses ?

Pourquoi donner tant de valeur à ces attrape-nigauds ? N'était-il pas plus digne et en même temps plus efficace de démontrer par l'histoire la fausseté de certaines prétentions, et par la philosophie l'inanité de certains dogmes ? Il semblait que l'exégèse et la haute critique, en extirpant les illusions religieuses, dussent balayer par surcroît tout le cortége des puérilités bigotes, amulettes, idoles, pèlerinages et momeries.

Eh bien! l'exégèse et la critique ont fait leur œuvre, la philosophie émancipée a secoué la poussière des temples; la cause des religions est perdue devant la science; mais elle reste gagnée devant la routine et l'ignorance mises en coupes réglées par une politique aux abois. C'est donc que les démonstrations puissantes des Strauss, des Peyrat, des Havet, ne suffisent point; elles portent trop haut. Elles visaient à la tête; il faut tirer dans les œuvres basses, vers les régions accessibles aux foules et où végète encore un paganisme malsain.

Oui, les journaux qu'on raillait n'avaient pas si grand tort d'exploiter par mille piqûres la riche veine des faits divers ecclésiastiques. Nous le voyons bien aujourd'hui. Maintenant plus que jamais, il faut surmonter nos répugnances et, comme on disait, « en manger, » mais en manger à outrance et jusqu'à extinction. Ingrate pâture, misérable temps! Se replonger dans l'hagiographie, dans la chronique apocryphe des miracles anciens et modernes; mordre en public à même ce tas indigeste! Que voulez-vous? C'est, en attendant la laïcité de l'instruction obligatoire et gratuite, le seul moyen pratique d'éliminer le poison, d'en finir avec le fléau. A la besogne donc, et que le *Delenda Carthago* nous soutienne!

Au reste, l'œuvre n'est pas si mesquine qu'elle paraissait d'abord, elle attaque plus et moins qu'un organisme religieux particulier. Les religions sont à peu près le contraire du colosse aux pieds d'argile.

Leurs têtes sont creuses, mais leurs robustes pieds implantent profondément dans la naïveté humaine des racines inextricables, qui sucent, qui pompent, qui absorbent l'or et l'argent, secrétés par ce riche humus. C'est là qu'il faut pousser la sape, sous peine de voir le défrichement annulé par la ténacité des souches.

Là est la base et le fondement durable des systèmes religieux passagers. Le fétichisme n'est point, comme on se plaît à le dire, une maladie des premiers âges. Il est de tous les temps, il est aussi de tous les degrés ; on le retrouve chez les esprits qui s'en croient le plus exempts ; le « divin » de M. Renan, « l'axiome éternel » de M. Taine, et tout ce qu'il y a d'êtres métaphysiques dans la cervelle des philosophes et des hommes d'État, sont des fétiches, sinon du même ordre, du moins au même titre que les talismans, les idoles et les reliques ; et ce fétichisme subtil a son origine dans l'illusion grossière qui transporte à des objets indifférents les intentions, les volontés, les pensées humaines. Arracher les fables puériles qui ont enfanté les religions et qui leur survivent, c'est abattre du même coup les mythes raffinés, les dogmes, les formules personnifiées, dont elles sont le support. La fleur périt avec la tige.

Et l'Église le sait bien. C'est pourquoi nous la voyons bondir sous le sarcasme voltairien, lutter de toutes ses forces avec les armes que lui laisse un Code imprudent contre les plaisanteries des incrédules.

C'est pourquoi, lorsque les esprits éclairés lui échappent, le cléricalisme se cramponne à l'ignorance des foules et se réfugie dans l'épais fourré des superstitions locales.

Il n'y a donc pas à s'étonner outre mesure si « le catholicisme tend de plus en plus à matérialiser la religion, à faire consister la vertu dans les pratiques extérieures, à concentrer toutes les facultés de l'esprit dans l'observation de rites multipliés. Dans la vénération d'une foule d'amulettes auxquelles il attache une importance capitale, à ressusciter, en un mot, le paganisme dans ce qu'il a de plus étroit, de plus grossier. » (1)

M. S. Morin (Miron), auquel nous empruntons ces lignes, est l'auteur d'un solide *Examen du Christianisme*, longtemps interdit en France, et d'un excellent projet de loi sur la *Séparation du Spirituel et du Temporel*. Chemin faisant, son érudition caustique a glané dans le fatras des pieux bouquins des centaines d'anas et de curiosités qui ont fait la joie des lecteurs de la *Pensée nouvelle* et du *Rationaliste*.

Avec la sûreté de coup-d'œil de l'aliéniste exercé, il note tous les symptômes, tous les accès et tous les cas de cette manie que Lucrèce appelle *religio*, et que, par politesse, nous nommons seulement superti-

---

(1) *Fantaisies Théologiques*, par A.-S. Morin (Miron), in-8°, Le Chevalier, éditeur.

tion. Il excelle à conter de sang-froid les anecdotes saugrenues. Sa bonhomie narquoise ne recule devant aucune absurdité, il pousse volontiers le miracle jusqu'à ses conséquences extrêmes ; tantôt il discute sérieusement les mérites des rosaires et des patenôtres ; tantôt il entre-choque joyeusement les grains des chapelets et les médailles bénites, et assaisonne au gros sel les deux cervelles de saint Jean-Baptiste, les six mamelles de sainte Agathe, les dix-huit bras de saint Jacques-le-Majeur, les trente corps complets de sainte Julienne, les sept résidus de la circoncision du Seigneur, et tout l'ossuaire sacré dont les théologiens eux-mêmes se jettent les débris à la tête depuis plusieurs siècles.

Il tire de leurs châsses et secoue au grand jour tous ces hochets de la peur, ces tibias qui font pleuvoir, ces métacarpes qui donnent le beau temps, outils comparables à la baguette ou à la peau de serpent des sorciers d'Afrique, ces statuettes de bois « qu'on a connues poiriers ou chênes, » ces défroques douteuses, souliers contre les cors, chemises contre la stérilité, ces innombrables saints dont la plupart ont été absolument inutiles à l'humanité de leur vivant et qui, après leur mort, promus demi-dieux, peuplent le ciel mystique et absorbent tout l'encens auquel a droit la triade suprême.

Car, il ne faut pas s'y tromper, le culte de dulie est beaucoup plus fervent que l'adoration du père, du fils et du saint esprit, parce qu'il est plus pratique.

Chaque saint a sa province déterminée, comme un ministre ou un chef de division, et on lui demande à coup sûr les faveurs qui sont à sa portée.

Il n'est pas difficile de se rappeler que sainte Claire éclaircit la vue, que saint Galle guérit la gale, que sainte Beggue délie la langue, que saint Vanne protége les vanniers et saint Lésin les avaricieux, que saint Sendou (Saindoux!) préside à la charcuterie, et que saint Aignan (teignant!) guérit la teigne et patronne les teinturiers. C'est ainsi que les vieux Romains avaient des dieux pour tous les maux, tous les biens et tous les actes de la vie, même les plus incongrus.

« Entre une infinité d'autres superstitions, la plus commune et la plus remarquable est celle des gris-gris. Chaque gris-gris a sa vertu particulière; l'un contre les périls de se noyer, l'autre contre la blessure des zagaies ou la morsure des serpents. Il y en a qui doivent rendre invulnérable, aider les plongeurs et les nageurs, procurer une pêche abondante. D'autres éloignent l'occasion de tomber dans l'esclavage, procurent de belles femmes et beaucoup d'enfants. Enfin, les prêtres inventent des gris-gris en faveur de tous les désirs et contre toutes les craintes. »

Il s'agit ici des nègres de l'Afrique-Centrale, qui le croirait? Il est vrai que l'auteur de l'*Histoire des Voyages* ajoute prudemment : « On sait d'ailleurs que, sur l'article des gris-gris, il n'y a guère de peuple sur la terre qui ait le droit de se moquer des nègres. » Et nous en sommes là encore! Et dans cette

France qui a brisé, qui a cru, hélas! rompre le joug clérical, dans ce pays des fabliaux, de Rabelais et de Voltaire, où l'on craint tant d'être dupe, où le paysan se méfie de son ombre, où le fond de l'être humain semble consister dans une incrédulité narquoise, des millions d'hommes, de femmes surtout, tremblent devant croquemitaine et se font exploiter par les gris-gris. Et sans remords, la conscience tranquille, d'autres Français vendent à ces pauvres ou riches niais des indulgences à bouche-que-veux-tu, des exemptions de purgatoire, jusqu'à des billets pour le paradis, bien plus, de l'eau claire!

M. Miron n'a point seulement passé en revue les dévotions infimes, et tant de supercheries miraculeuses qui ne tromperaient pas un enfant de sept ans; il s'attaque aux superstitions majeures, dont quelques-unes touchent de trop près au dogme pour qu'il soit prudent de les effleurer ici. (Il faudrait refaire dix fois sa phrase et peser ses mots.) Nous pouvons du moins en citer deux : la *Mariolâtrie*, qui introduit dans la trinité une quatrième personne prépondérante, et, à mesure que les hommes s'éloignent des autels, substitue au culte de Dieu celui d'une femme divinisée; puis, l'adoration des cœurs figurés au milieu de la poitrine en dépit de toute anatomie, véritable fétichisme s'il en fut jamais, triste fantaisie d'une visionnaire scrofuleuse ; tout cela accompagné d'images lucratives, de litanies machinales et d'atrophie intellectuelle.

« Abêtissez-vous, » disait Pascal dans son accès de folie.

Et quand on songe que toutes ces pratiques ont depuis longtemps perdu leur objet, à supposer qu'elles en aient eu un ! A quoi tendaient-elles, en effet ? A fléchir la colère divine, à délivrer les vivants du mal causé par le péché et les morts des épreuves du purgatoire. Eh bien ! les indulgences ont depuis longtemps désarmé l'ire céleste, les prières et les messes ont vidé le purgatoire pour des milliers d'années. L'enfer lui-même doit être fermé.

Car, d'une part, il n'existe pas pour les incrédules : l'enfer est affaire de foi ; et, d'autre part, les croyants à venir, profitant des bénédictions amassées par leurs aînés, n'ont plus rien à craindre de la mort. C'est ce qu'on peut inférer des calculs nettement établis par M. Miron, d'après saint Liguori lui-même. Qu'on en juge : « Un chrétien, dit Bourdaloue, eût-il commis tous les attentats que peut imaginer une créature rebelle, dès là qu'il gagne entièrement l'indulgence plénière se trouve tout à coup entièrement quitte envers Dieu. »

Or, rien n'est plus simple que l'obtention d'une telle indulgence ; il suffit de l'acquérir une fois ; il est même inutile que tous les croyants se donnent la peine de la gagner ; chacun travaille pour tous ; un seul fidèle muni du scapulaire bleu, pour peu qu'il récite six *pater*, *ave*, *gloria*, délivre 533 âmes du purgatoire.